José Díaz Fernández

El Nuevo Romanticismo

edición de
César de Vicente Hernando

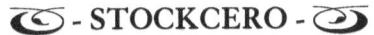

Copyright © herederas de José Díaz Fernández
Foreword, bibliography & notes © César de Vicente Hernando
of this edition © Stockcero 2013
1st. Stockcero edition: 2013

ISBN: 978-1-934768-67-9

Library of Congress Control Number: 2013935845

All rights reserved.
This book may not be reproduced, stored in a retrieval system, or transmitted, in whole or in part, in any form or by any means, electronic, mechanical, photocopying, recording, or otherwise, without written permission of Stockcero, Inc.

Set in Linotype Granjon font family typeface
Printed in the United States of America on acid-free paper.

Published by Stockcero, Inc.
3785 N.W. 82nd Avenue
Doral, FL 33166
USA
stockcero@stockcero.com

www.stockcero.com

José Díaz Fernández

El Nuevo Romanticismo

Índice

Introducción a *El Nuevo Romanticismo* VII
   Primera polémica: el feminismo
   Segunda polémica: vanguardia burguesa vs. vanguardia comunista
   Tercera polémica: literatura y política
   Cuarta polémica: el problema del liberalismo
   El nuevo romanticismo en perspectiva
Referencias citadas: XXXIII

El Nuevo Romanticismo
   I. La moda y el feminismo 1
   II. Siglo XIX y Romanticismo 7
   III. La literatura antes y después de la guerra 13
   IV. La literatura de avanzada 23
   V. La juventud y la política 27
   VI. Vida nueva y arte futuro 47
   VII. Objetivos de una generación 65
   VIII. Proyección social del arte nuevo 111

Introducción a *El Nuevo Romanticismo*

Publicado en noviembre de 1930, en la editorial Zeus, *El nuevo romanticismo* fue uno de los veinte títulos que salieron ese año. Este libro cumplía perfectamente los objetivos que Graco Marsá, fundador de la editorial, se había propuesto al poner en marcha su proyecto[1]: «contribuir a elevar la cultura patria y favorecer nuestra literatura», publicando libros en los que pudiera saciarse la «sed de saber y conocimientos» (Santonja, 1989: 135). Un año después, Zeus también publicaría la biografía de Fermín Galán escrita por Joaquín Arderíus y el propio Díaz Fernández. El libro tuvo una excelente distribución, que realizaba la CIAP[2], pero por un tiempo muy limitado, hasta su quiebra a mediados de 1931, y nunca se volvió a reeditar hasta pasados más de cincuenta años, en 1985, en José Esteban Editor.

El volumen incluía muchos textos que Díaz Fernández[3] ya había publicado anteriormente durante el periodo

---

1 Para todo lo relativo a Zeus puede verse el capítulo 3 de Santonja *La República de los libros* y el estudio de Alejandro Civantos «Los proyectos editoriales del nuevo romanticismo» en VV.AA. *Una generación perdida* (en prensa).

2 La Compañía Ibero-Americana de Publicaciones (CIAP) fue fundada en 1924. Hacia 1928 había iniciado un proceso de absorción de las editoriales independientes e izquierdistas, bien adquiriendo sus catálogos, o bien convirtiéndose en su distribuidora. Para una historia de la CIAP puede consultarse el libro citado de Santonja, *La república de los libros* (pp. 14 y ss.); y el estudio de Miguel A. López Morell y Alfredo Molina Abril en http://www.um.es/mlmorell/Seminario%20CIAP%20Complutense.pdf

3 José Díaz Fernández nació el 20 de Mayo de 1898 en Aldea del Obispo (Salamanca), pero su familia se trasladó a los pocos años a Castropol (Asturias). Fundó muy joven un periódico manuscrito *La tinaja*. Mientras trabaja como escribiente de notaría colabora en el periódico *Castropol* con poemas y artículos políticos. En 1918 se traslada a Oviedo

de la dictadura de Primo de Rivera (1923-1930) en la revista izquierdista *Postguerra,* y desde enero de 1930 en el periódico *Nueva España,* que ocupó el periodo de la dictadura de Berenguer y el primer tiempo de la República[4].

donde trabaja como contable en un hotel y sigue lecciones de Derecho al mismo tiempo que funda, con otros jóvenes, la revista *Alma Astur* donde aparecen cuentos y poesías suyas. En 1920 entra en la redacción de *El Noroeste*. En 1921 tiene que incorporarse a filas y su batallón es destinado a Marruecos en donde permanecerá hasta 1922. De esta experiencia saldrán sus crónicas y los relatos que forman *El Blocao*. Obtiene el segundo premio a las mejores crónicas sobre la guerra de Marruecos, concurso organizado por el diario *La Libertad.* En 1923 publica *El ídolo roto.* Colabora en *El Sol* como periodista literario. Opuesto a la dictadura de Primo de Rivera desde el primer momento, Díaz Fernández entra en la cárcel acusado de reunión clandestina. En 1925 se instala en Madrid como redactor de *El Sol* y colaborador como crítico literario en *La Voz.* Es detenido por formar parte de la conspiración de Junio (la Sanjuanada). Gana en 1927 el primer premio de relatos organizado por *El Imparcial* con «El blocao», que después se publicará junto a otros relatos en la «novela de Marruecos» del mismo título. Crea con otros izquierdistas en 1927 la revista *Postguerra* y al año siguiente Ediciones Oriente. Colabora en Acción Republicana. En 1929 publica *La venus mecánica* y al año siguiente su volumen de ensayos *El nuevo romanticismo.* Funda en 1930 junto con otros compañeros el periódico *Nueva España*. Durante este tiempo forma parte de la redacción de los diarios *Crisol* y *Luz*. En 1931 es elegido diputado a las recién inauguradas Cortes republicanas por el Partido Radical-Socialista. Publica ese año, junto a Joaquín Arderíus *Vida de Fermín Galán.* En 1933 colabora con *El Liberal* con ensayos políticos y literarios, pero no lo hace –significativamente- en *Octubre,* la revista de orientación comunista publicada por Alberti y María Teresa León. Es elegido diputado en las elecciones de 1936 por el Frente Popular. Durante la guerra es Secretario de Instrucción Pública. Tampoco colabora en *Nuestra Cultura* ni en ninguna de las más importantes revistas del periodo como *Hora de España, El Mono Azul,* etc. ni participa en el Congreso de Intelectuales para la Defensa de la Cultura de 1937. El 26 de Enero de 1939 sale de España con su mujer y su hija. Después de recorrer París, Tolouse, Le Mans y Nantes, decide permanecer en Tolouse esperando viajar a América, pero el 18 de Febrero de 1941 fallece. El sepelio será sufragado por la comunidad de exiliados españoles en esta ciudad.

4 Algunos de esos textos se publican sin cambios, como «El centenario de Goya» (*Postguerra,* 10; mayo de 1928, pp. 11-12) que pasa íntegramente al libro como «El Greco y Goya»; y otros son reelaborados, como «Acerca del arte nuevo» (*Postguerra,* 4; septiembre de 1927). En *Nueva España* se publica «El nuevo liberalismo» (*Nueva España,* 1; 3 de enero de 1930, p. 20); «Ética política. Depuración de las conductas» (*Nueva España,* 3; 1 de marzo de 1930, p. 28); «Ni caudillaje ni mesianismo» (*Nueva España,* 5; 1 de abril de 1930, p. 28); «La República y los obreros» (*Nueva España,* 7; 1 de mayo de 1930, p. 28); «La domesticidad española» (*Nueva España,* 10; 15 de junio de 1930, p. 8); «El nuevo romanticismo, I» (*Nueva España,*14; 1 de septiembre de 1930, p. 14-15); «El nuevo romanticismo, II» (*Nueva España,*15; 13 de septiembre de 1930, p. 12-13 y 19). Ya editado el libro aparece también «Poder profético del arte» (*Nueva España,*20; 11 de diciembre de 1930, p. 18-19)

El nuevo romanticismo se sitúa en la encrucijada de un tiempo, 1930, en el que se «registra en todos los frentes del arte contemporáneo una transformación de estilos y de ideas que significa, sencillamente, el punto de partida de una nueva concepción de la vida» (p. 2). Más aún, se trata de una alteración de «los grandes principios que forman el esqueleto de la civilización de nuestro tiempo», cambio radical, pues, que «modifica el croquis espiritual del mundo» (p. 2). Como se ve, esta «polémica de arte, política y literatura», como dice su subtítulo, es claramente una toma de posición, una definición del *nuevo* lugar desde el que abordar esta revolución total.

Aunque en 1933, durante una charla en la Primera Feria del Libro, Díaz Fernández cambiara su idea de *nuevo romanticismo* por la de *nuevo naturalismo*, que justifica su abandono de la literatura y su paso al *documentalismo* con *Octubre rojo en Asturias,* publicado en 1935 con el pseudónimo de José Canel (según afirma la mayor parte de la crítica), lo cierto es que con la primera nominación trataba de homologar dos procesos: por una parte, el proceso de construcción de la estética romántica, que tuvo su apogeo en torno a las revoluciones de 1830 y 1848; que no condenaba la razón sino «sus límites»[5], que no luchaba contra la belleza clásica sino contra «su dogmática imposición canóniga»[6] (Calvo Serraller: 13) y que se fundaba en una crítica de la modernidad capitalista en beneficio de un ideal de humanidad. El otro, el proceso de construcción de una estética materialista, que tuvo lugar alrededor de la revolución rusa de 1917, la alemana de 1918 y otros procesos europeos y latinoamericanos, que explora las posibilidades

---

5   Díaz Fernández aprecia en el romanticismo ese «anhelo ideal». Para aquella generación «la tragedia se alojaba en su propio pecho y con ese huracán interior atravesaban la vida y hacían frente a la muerte» (p. 8)

6   «Frente a una literatura academinista y una vida putrefacta, donde todo es tradición y estilo, los románticos levantan las barricadas del corazón. Es decir, colocan lo humano en primera línea» (p. 7)

de otras formas de sociedad, y que convierte al arte y la literatura en una forma de dilatación de la vida y la libertad. Por ello, para Díaz Fernández no hay una vuelta al romanticismo más que en lo que éste significó de impulso destructivo y constituyente. Tampoco un intento por reponer la imaginería medieval, la naturaleza como «paisaje del alma», y la narración lírica como posibilidad de alcanzar lo absoluto del nuevo tiempo. No se trata de una recuperación de la estética decimonónica, sino de una interpretación de lo que, en toda Europa de la posguerra, no es sino un cambio de signo del arte que se hace efectivo en las novelas antibélicas, los ensayos del grupo Clarté, el arte y la literatura bolcheviques, la novela social y otras expresiones artísticas que se desarrollaron a lo largo de la década de los años veinte, y que tenían como objeto una *rehumanización del mundo* que la revolución industrial y el capitalismo habían sepultado. Es por ello que, para Díaz Fernández, el romanticismo fue, en tanto que exploración y choque, una vanguardia social, para la que acuñó el término «de avanzada», frente a la *vanguardia deshumanizada* que fueron descritas por José Ortega y Gasset en su célebre ensayo *La deshumanización del arte,* con y contra el que discute –sin duda- este libro.

Pero Díaz Fernández tampoco busca una definición de un término tan ambiguo como el de «romanticismo», ni se refiere más que por encima (con los términos de «la revolucionaria» y «la constructiva») a lo que, desde su conformación como ideología, dividió al romanticismo en una visión reaccionaria del mundo y otra progresista. Se limita a establecer dos principios productivos radicales que puedan explicar la nueva sensibilidad: el primero es enunciado como «la exaltación de lo humano»; el segundo es planteado como una «tensión» que logra «dar un acento a todas las formas de existencia».

La transformación que señala es reconocible a partir de «rasgos típicos de una tendencia de vida colectiva que se anuncia irremisiblemente para lo futuro» (p. 2), y que se manifiesta tanto en las pequeñas cosas, como la moda (el uso de «melena alargada» y falda «abundante» para las mujeres, abandonando el corte a lo garçonne y los pantalones) hasta las grandes ideas políticas.

«Romanticismo» era un tema habitual en 1930 en la prensa y en las revistas, y se publicaron varios libros sobre esta estética debido a que ese año se cumplía el centenario del estreno de *Hernani* de Víctor Hugo, un manifiesto fundamental de ese movimiento artístico y cultural que se oponía al clasicismo que dominó hasta el siglo XIX. Ricardo Baeza señalaba que el espíritu de cada época determina la norma estética. Lo analiza en el ensayo *Clasicismo y romanticismo* (CIAP, 1930), en donde estas dos estéticas son, en realidad, dos «maneras de ser esenciales del espíritu humano, las dos posiciones que éste puede adoptar frente a la vida» (Baeza: 11). En su libro distinguía la actitud clasicista (adhesión a la verdad de las cosas, de acuerdo con la vida, se ajusta a una forma que es norma de verdad, opera sobre la realidad) y la actitud romántica (el principio cardinal es el yo, en protesta con la vida, opera sobre el ánimo del lector). Otros libros publicados unos años antes, como el de Franz Roh *Realismo mágico y postexpresionismo* (Revista de Occidente, 1927) sostenían la idea de que la historia de las formas de vida y de las manifestaciones humanas nunca es pura sucesión, ni simultaneidad, sino una combinación de ambas (Roh: 16) y trata de presentar el constructivismo vanguardista como un romanticismo maquinista (Roh: 29).

Primera polémica: el feminismo

El nuevo romanticismo se inicia con un capítulo que toma posición respecto de la emancipación de la mujer, un asunto que cobró significación y proyección social desde la Revolución Francesa, y más específicamente desde la de 1848, cuando se discuten los términos de universalidad y sufragio. Se unían todos estos debates a la crítica que desde el siglo XVIII se venía elaborando acerca de la supuesta *naturaleza* de las mujeres. Entre 1860 y 1918 se produjo lo que Riot-Sarcey llamó «la larga marcha del feminismo» (Riot-Sarcey: 50). La lucha de las mujeres era contra un sistema moderno de género que se había establecido en el mundo occidental «en el contexto de la consolidación de la emergente sociedad burguesa (...) basado en leyes y en el desarrollo de un discurso de la domesticidad, que confinaba a las mujeres en la casa y le atribuía la única identidad de madre y esposa» (Nash, 2012: 34). En la España de los años veinte, la condición de la mujer, los mecanismos políticos y culturales de la subalteridad de género, constituían la base de una discriminación en derechos y libertades que se producía en todos los niveles del sistema social. Geraldine Scanlon hace una descripción muy precisa de esta situación en *La polémica feminista en la España contemporánea 1868-1974*. El conflicto de género había adquirido un lugar en los procesos de emancipación social en toda Europa pero siguiendo caminos muy distintos: al proyecto de ingreso de las mujeres en la vida pública de las sociedades burguesas mediante la adquisición de derechos, uno de los cuales era el del voto en las elecciones parlamentarias, se oponía el proyecto de participación de las mujeres en la vida pública desarrollado en las repúblicas soviéticas mediante la cooperación y el trabajo colectivo, incorporadas como funciones sociales dentro de la nueva vida. Esta distinción, no siempre bien resaltada por la crítica, es la que tiene en cuenta Díaz Fernández para afirmar que «el feminismo político no ha significado nada en las reivindicaciones sociales de la mujer y en cambio ha podido producir (…) una gran confusión en torno a sus fines de colaboración humana» (p. 3). Además, su entrada en la vida contemporánea no se ha debido a causas políticas sino a «razones del progreso social». Así, «la emancipación de la mujer no es tanto la obra del liberalismo político del siglo XIX como del progreso mecánico del mundo» (p. 2). Este lugar social que le asigna Díaz Fernández a la mujer, que le hace recelar de las manifestaciones en favor del voto de las mujeres hasta el extremo de votar contra ese derecho en el recién constituido parlamento republicano de 1931; que le hace confundir la lucha feminista con un intento por sustituir al hombre por la mujer en la tareas políticas, se funda en el hecho de que «la mujer tiene, incluso biológicamente, una función complementaria a la función masculina» y, sobre todo, «incorpora al mundo de hoy una sensibilidad y un apetito que desconocía el mundo anterior a la guerra», y señala que «por primera vez en veinte siglos la mujer vierte en la vida su alma espléndida y brillante. No es extraño que ella comunique a esta vida que ahora empieza, a esta formidable fundación cósmica, su gesto peculiar» (p. 5).

Para Díaz Fernández el síntoma que aparece en la moda, «el grito del vestido romántico, falda y cabellos largos» coincide con un nuevo romanticismo que «asoma por Oriente» (p. 5) y que refrendan intelectuales y activistas socialistas como Margarita Nelken (referencia importante ya desde *Postguerra*) quien afirma, en *La condición social de la mujer en España* (1919), que «el tipo de la feminista de pelo corto, voz aguardentosa y andares de marimacho, ha desaparecido para dejar lugar a la mujer fuerte que, en medio mundo, acaba de revelarse como verdadera compañera del hombre» (Nelken: 157). También Nelken, paradójicamente, se opondrá en el parlamento republicano de 1931 al derecho al voto de las mujeres[7]. Los argumentos

---

7 La razón por la que se opusieron muchos republicanos de izquierda fue porque la mujer española –decían- no estaba aún lo suficientemente preparada para desarrollar una actividad política y su voto, lejos de impulsar medidas progresistas, se orientaría hacia la derecha y al reaccionarismo de la Iglesia. Así lo propagaba, entre otros, el abogado socialista Jiménez de Asúa en una conferencia de 1930 (Scanlon: 152-153). Otros intelectuales acompañaban estos argumentos con ideas pseudocientíficas sobre la diferente biología de los sexos que conformaban caracteres distintos para trabajos distintos, como defendía en sus libros el liberal Gregorio Marañón (Scanlon: 183 y ss.). La abogada Clara Campoamor, sin embargo, respondió con claridad a esta idea de que «el voto [de la mujer] había herido de muerte a la República; que la mujer, entregada al confesionario, votaría a favor de las derechas jesuíticas y monárquicas» (Campoamor: 18) demostrando que «las causas de la derrota de los republicanos fueron obra de ellos mismos y estaban claras» (Campoamor: 19). Primer argumento: «cuando se promulgó el sufragio universal, los trabajadores vivían una vida inferior; su incultura era enorme; aquellos que pensaron en implantar el sufragio universal no repararon en los peligros que ello pudiera tener, porque sabían muy bien que implantar el sufragio era abrir una escuela de ciudadanía para ir formando la capacidad y la conciencia de los trabajadores» (Campoamor:

de Díaz Fernández estaban cerca, en algún sentido, de los de la anarquista Federica Montseny quien se oponía al sufragismo en favor del humanismo, dado que la liberación de la mujer era una tarea tanto de las mujeres como de los hombres (Scanlon: 254). El grueso de las ideas de Díaz Fernández procede de la crítica bolchevique del feminismo. Clara Zetkin, en su «Contribución a la historia del movimiento proletario femenino alemán», hacía una descripción de cómo las reivindicaciones *sociales* feministas llevaban a un cambio radical en la vida de la mujeres. De hecho afirma que «la cuestión femenina [como la cuestión social, en otro orden de cosas] sólo existe en el seno de aquellas clases de la sociedad que a su vez son producto del modo de producción capitalista» (Zetkin: 101). Más claro aún, el argumento de Zetkin es que

> para que la mujer llegue a obtener la plena equiparación social con el hombre –de hecho y no sólo en los textos de leyes y sobre el papel- para que pueda conquistar como el hombre la libertad de movimiento y de acción para todo el género humano, existen dos condiciones indispensables: la abolición de la propiedad privada de los medios de producción y su sustitución por la propiedad social, y la inserción de la actividad de la mujer en la producción de bienes sociales dentro de un sistema en el que no existan ni la explotación ni la opresión» (Zetkin: 133).

Es significativo que Zetkin pueda señalar que «el derecho de voto solamente esconde esta dependencia y esta explotación con el engañoso velo de la equiparación política» (Zetkin: 135). Y coincide plenamente con Díaz Fer-

---

103). Segundo argumento: el triunfo electoral de las derechas en 1933 fue fruto de la división del bloque electoral republicano en mil pedazos, hasta el extremo de que «en muy pocas provincias hubo cartel de izquierdas, cuando en casi todas lo hubo de derechas» (Campoamor: 188).

nández cuando escribe que «las reivindicaciones del movimiento femenino burgués han demostrado ser impotentes para garantizar los plenos derechos de todas las mujeres» (Zetkin: 134)[8].

Segunda polémica: vanguardia burguesa vs. vanguardia comunista

En los capítulos III y IV de *El nuevo romanticismo* se aborda el asunto de las vanguardias, los movimientos artísticos de ruptura con los regímenes estéticos realistas que había dominado la literatura y las artes durante gran parte del siglo XIX y comienzos del XX. De las distintas tendencias que surgieron en las décadas finales y de inicio del cambio de siglo, el impresionismo, el fauvismo, el cubismo, el expresionismo, el dadaísmo, Díaz Fernández se centra en el futurismo, «la tendencia más seria y más fecunda de cuantas figuran en el índice de la nueva literatura» (p. 18), considerando a las demás «cansancios cósmicos de aquellas generaciones a las que le faltaba un ideal» (p. 19). Claramente se trata del movimiento sobre el que se puede decir con más precisión que es fruto de su tiempo: «el progreso maquinista que engendra el siglo XIX imprime a la literatura una dirección nueva» (p. 13). Sigue en este punto a Marx cuando éste afirma que la cultura y el arte son resultado de las condiciones materiales históricas en que se encuentra la sociedad:

La producción de las ideas, las representaciones y la

---

[8] Díaz Fernández dirá que «nuestras damas del movimiento feminista están todavía tan retrasadas que siguen pidiendo para la mujer el voto político y el escaño parlamentario» (p. 5).

conciencia aparece, al principio, directamente entrelazada con la actividad material y el trato material de los hombres, como el lenguaje de la vida real. La formación de las ideas, el pensamiento, el trato espiritual de los hombres se presenta aquí todavía como emanación directa de su comportamiento material. Y lo mismo ocurre con la producción espiritual, tal y como se manifiesta en el lenguaje de la política, de las leyes, de la moral, de la religión, de la metafísica, etc., de un pueblo. Los hombres son los productores de sus representaciones, de sus ideas, etc., pero se trata de hombres reales y activos tal y como se hallan condicionados por un determinado desarrollo de sus fuerzas productivas y por el trato que a él corresponde, hasta llegar a sus formas más lejanas (Marx y Engels: 17-18).

Así pues, Díaz Fernández hace depender al arte de los cambios materiales, que son los que orientan social y políticamente las tendencias artísticas. Es por ello que en el futurismo distingue la *realización* italiana, que deriva en el fascismo y la rusa, que deriva en el comunismo. Es decir, es el *desarrollo revolucionario de la sociedad,* diferente en Italia y en Rusia, lo que da lugar a un movimiento con orientaciones diferentes[9].

Díaz Fernández no entiende la vanguardia como un periodo artístico y literario sino como un modo de representación de la realidad que incorpora la razón romántica y su lógica. Su origen: ímpetu destructor; su estética: metáforas maquinistas, dinámica lírica; y su destinatario: temas de masas. O aquella que se refugia en la forma constituyendo «la prueba más convincente de la liquidación de un sistema social» (p. 19). Al contrario que el cubismo, que

---

9   Y que tienen que ver con el hecho de vincularse, o no, al proletariado; o de inscribir su arte en la tradición católica o fascista; o bien en la crítica del capitalismo y en la construcción de un mundo nuevo.

tiene su origen en la representación formal, su estética es estilizada y su auditorio son las minorías; el futurismo imprime al arte una proyección futura que no poseen los otros movimientos. Si bien Díaz Fernández no profundiza en el contenido de la forma (White), la crítica que hace tiene que ver con la autonomización absoluta de ésta, separándose de la experiencia social que significa (cf. Fischer) siguiendo, de esta manera, un camino hacia la emoción estética pero no hacia la emoción política; o adquiriendo la imagen de representación un dominio sobre el sentido de la escritura. Fernando Vela, a quien se dedica el libro, escribe en «La poesía pura (información de un debate literario)»: «La imagen nos aparece, por consiguiente, como el astral del poema. Su naturaleza metafísica escapa, desborda del contorno de la representación psicológica y resiste a la captación del examen completo. La imagen constituye el elemento sustantivo y universal de la poesía, pues ni la altera la diversidad de los idiomas ni la destruyen las varias musicalidades de la palabra» (Vela: 81). Sin embargo, el mismo Vela encontraba que «es preciso penetrar ahí donde las metáforas nuevas se tornan verdades y los cuadros nuevos viven con sentido» (Vela: 31), descubriendo algo de lo que Díaz Fernández encontraba en la nueva literatura. En 1932, dos años después de la aparición de *El nuevo romanticismo*, escribía que

> el problema actual es, pues, devolverle al hombre la vida auténtica que ha perdido, suprimirle los subterfugios y los sustitutivos y enfrentarle con esa realidad enorme y terrible que es existir, vivir, tener un destino, hacerle oír ese grito subterráneo que la existencia se dirige a sí propia por el intermedio de

la conciencia y que ella misma, en su noche oscura, trata de apagar tapándose los oídos, temerosa de despertarse (...) Nuestra vida tiene que ser destino. Nuestras ocupaciones, vocaciones» (Vela: XLI).

Pero hacia 1930, cuando se publica el libro de Díaz Fernández, las vanguardias ya había caído en un snobismo y en un señoritismo incapaz de rebeldía[10], y habían sido superadas por el aliento revolucionario soviético que anunciaba otra marcha del tiempo, y que era ya reconocible en el giro dado al surrealismo en el texto del Segundo manifiesto en el que se decía «combatimos contra la indiferencia poética, la limitación del arte, la investigación erudita y la especulación pura, bajo todas sus formas, y no queremos tener nada en común con los que pretenden debilitar el espíritu, sea de poca o de mucha importancia» (apud González: 368). Ante este «total desprestigio» del término vanguardia, Díaz Fernández propone hacer circular otro concepto, «literatura de avanzada» para todas aquellas obras que sostengan no la *reproducción* de lo que hay sino la *producción* de lo nuevo, de un cambio de civilización; no la asunción de un dogma, sino una *fe* «fundada en la justicia humana, sostenida por la libertad integral del hombre» (p. 23), una nueva moral. Díaz Fernández da entonces a la palabra, «de avanzada», como originariamente tenía la de «vanguardia», una dimensión social y existencial completa: «Necesitamos vivir para el más allá. No para el más allá del mundo, puesto que no es posible creer en una tierra detrás de las estrellas, sino para el más allá del tiempo. Es decir, necesitamos vivir para la historia, para las generaciones venideras». Y concluye señalan-

---

10   Conviene no perder de vista los intentos de una vanguardia pura, como se expresa en las obras de Benjamín Jarnés, que pretende también alcanzar una humanidad en la que pueda encontrarse «algo más que todo un hombre: todo el hombre» (Jarnés: 78). Por otra parte, Jarnés colaboró con varios artículos de estética literaria y política en *Nueva España*.

do que «la verdadera vanguardia será aquella que ajuste sus formas nuevas de expresión a las nuevas inquietudes del pensamiento. Saludemos al nuevo romanticismo del hombre y la máquina que harán un arte para la vida, no una vida para el arte» (p. 26).

Tercera polémica: literatura y política

Por *política* Díaz Fernández entiende «el desenvolvimiento del hombre dentro de la vida social» (p. 31). Pero no en términos *cotidianos,* sino teniendo presente que «las preguntas relativas al sentido, que antes competían a la religión, se dirigen ahora a la política, lo cual trae consigo un empuje secularizador, que transforma las llamadas <preguntas últimas> en cuestiones sociales y políticas» (Safranski: 36). Y la actitud del ser humano es tanto el de una *fuerza activa,* dice, como el de una conducta, una *moral* que, considera el escritor, divide a los seres humanos. En tanto que fuerza activa, su impulso lo recibe de la vida, una «cualidad nueva y embriagadora de la presente humanidad» (p. 31) Y como tal, la literatura «refleja en sus dramáticas variaciones al hombre contemporáneo» y «tiene relación (…) con la conciencia de nuestro tiempo» (p. 38). La literatura no puede eludir «los conflictos de la lucha individual o colectiva, ni las reacciones de tipo humano dentro de la lucha social» (p. 45). En tanto que moral, ni el ser humano ni la literatura pueden estar desinteresados de la justicia. Así, pues, Díaz Fernández incluye en la política lo que los seres humanos hacen en la vida social. Es por ello que puede escribir que «nadie pide que la obra de arte sea política ni contenga esencialmente una finalidad proselitista a favor de tal o cual tendencia, extraña al arte mismo», e inmediatamente define el terreno de la literatura: «lo que se solicita es una atención para aquellos temas susceptibles de interpretación artística que posean, *por propia naturaleza, un contenido moral*»[11] (p. 28). La literatura y el arte lo hacen produciendo *ideas* antes que imágenes (fase en la que se quedaban las vanguardias que autonomizaban la forma), esto es, «una representación política, una conducta, una concepción vital en movimiento» (p. 42). Pero el hecho de que lo producido en las obras sea una concepción vital *en movimiento* lleva a la literatura y al arte a adquirir un carácter profético que Díaz Fernández incorpora de Hebbel y que otro escritor de su generación, Fermín Galán, había sintetizado con el excepcional concepto de *experiencia del porvenir*. Es en esta muestra de anticipación, de descubrimiento del futuro, en donde Díaz Fernández encuentra los rasgos del genio, que descubre en El Greco, en Goya, y en otros artistas y escritores de su tiempo[12].

La literatura se produce *en el interior de la política* precisamente porque no se compone sólo de palabras sino que está trabajada «sobre materia humana y afluye a ella una corriente de alma universal» (p. 45). Y, por ello,

> La auténtica vanguardia será aquella que dé una obra construida con todos los elementos modernos —síntesis, metáfora, antirretoricismo— y organice en producción artística el drama contemporáneo de la conciencia universal. No es la forma lo de menos: en

---

11 Pueden ponerse estos temas en relación con los esbozos enunciados unas páginas más adelante: «las concentraciones urbanas, la invasión del campo por la urbe, el predominio de la democracia, la socialización de la cultura: todo surge de esa fecunda matriz de la política» (p. 32)

12 En El Greco y en Goya no ve a seres dotados de cualidades innatas sino a seres capaces de expresar lo humano de los tiempos con las formas vitales salidas de esa humanidad.

eso estamos conformes con los neoclasicistas de la hora. El estilo literario debe ir de acuerdo con las formas vitales que constituyen la órbita social donde nos movemos. El progreso de la expresión artística constituye un valor positivo de nuestro tiempo. Pero es un valor popular, porque al abominar el arte actual de toda retórica, de todo engolamiento, vuelve a las formas puras, al folklore, a la objetivación, a la fuerza inicial del esquema. Lírica, color, imagen. Pero, por debajo de todo eso, pasión, sinceridad, rebeldía y esfuerzo. He ahí el verdadero arte de vanguardia en una España católica» (p. 44).

Esta literatura, que participa de un tiempo que ha «esclarecido bien los contornos de las ideas y señalado diáfanamente sus fronteras» (p. 27), se levanta contra un premeditado confusionismo en cuanto a las posiciones políticas («estafa ideológica», «el <bulo> intelectual al servicio de la ciencia», dice Díaz Fernández en este libro) y frente al «funambulismo» de algunos escritores que estarían haciendo «cuerda floja de las ideas». Se distingue radicalmente del «equívoco de lo vital» que tienen quienes usan un léxico deportivo y piensan en términos de tópicos modernos, y ataca el neoclasicismo hecho por el «señoritismo intelectual» que explota la cultura popular, que es fundamentalmente anti-europea, y que sostiene el apoliticismo como actitud y el problema metafísico como sustancia de la obra.

La literatura de la que habla Díaz Fernández es la compuesta por una razón viva que «es concreta y se sumerge en el elemento de la existencia, de lo inconsciente, de lo irracional, de lo espontáneo, o sea, en la vida oscura, creadora, propulsora y propulsada» (Safranski: 22).

Cuarta polémica: el problema del liberalismo

El capítulo más amplio de *El nuevo romanticismo* está dedicado a los «objetivos de una generación». En el mismo, se trata de establecer una posición política que *rompa* con el pasado de la historia de España y abra el camino a una *revolución*, percibida «como una escena originaria de la acción fundadora de la sociedad» (Safranski: 32). Su exposición parece hacerse eco del famoso texto de 1920 de Lenin, *El izquierdismo, enfermedad infantil del comunismo*, que enseña que «para la revolución no basta con que las masas explotadas y oprimidas tengan conciencia de la imposibilidad de seguir viviendo como viven y exijan cambios; para la revolución, es necesario que los explotadores no puedan seguir viviendo y gobernando como viven y gobiernan. Sólo cuando "los de abajo" no quieren y "los de arriba" no pueden seguir viviendo a la antigua, sólo entonces puede triunfar la revolución» (Lenin apud Salem: 58). Esa posición política la ha de afrontar una generación. Sigue en esto Díaz Fernández las conocidas tesis de Ortega y Gasset que considera que «una generación no es un puñado de hombres egregios, ni simplemente una masa: es como un nuevo cuerpo social íntegro, con su minoría selecta y su muchedumbre, que ha sido lanzado sobre el ámbito de la existencia con una trayectoria determinada» (Ortega y Gasset, 2006: 78). Para Ortega, «las variaciones de la sensibilidad vital que son decisivas en la historia se presentan bajo la forma de generación» (Ortega y Gasset, 2006: 78). Esa identidad histórica de la generación tiene para Díaz Fernández, como para Ortega, un deber: «cada generación llega al mundo con una misión específica, con un deber adscrito nominalmente a su vida. Los deberes no son para escogidos sino para cumplidos» (Ortega y Gasset, 1990: 15), y encuentran el contenido de ese deber en la voluntad de ser humanos: «el contenido de la moralidad, de lo humano, no es nunca un montón de fórmulas abstractas, sino que en cada momento aparece concretado en tareas precisas y perentorias que es preciso al punto emprender. Sólo al través del cumplimiento de estos deberes inmediatos, precisos, perentorios, llegamos a merecer íntegramente el soberano título de hombres» (Ortega y Gasset, 1990: 15). Díaz Fernández señala el año 1930 como el tiempo de una encrucijada que aparece marcada por el final de la dictadura de Primo de Rivera (y la toma del poder político por parte del directorio dirigido por el General Berenguer) y el ascenso del republicanismo en cuyo horizonte está la caída de la monarquía (que, en efecto, tendrá lugar el 14 de abril del año siguiente)[13].

La interpretación que Díaz Fernández hace del pasado de España sigue, en líneas generales, las críticas realizadas por el regeneracionismo (desde dentro de un cierto liberalismo radical), el socialismo y la generación del 98. Se trata de una «crítica del sistema concreto del régimen salido de la Restauración, que de la crítica del caciquismo resbala al antiparlamentarismo, de la crítica de los partidos turnantes pasa a la crítica de los partidos políticos» (Tuñón de Lara: 57). En *Los males de la patria* de Lucas Mallada (1890), donde se describe un panorama de la pobreza de España, la inmoralidad pública, la naturaleza corrupta de los partidos políticos; en el *Idearium español* de

---

13   El libro de Eduardo de Guzmán *1930* es un extenso compendio de hechos y datos sucedidos durante todo ese año.

Ángel Ganivet (1897) donde se hace una historia *espiritual* de España; en *En torno al casticismo* de Miguel de Unamuno, en donde se realiza una historia intelectual de la historia de España; y –fundamentalmente- en *Oligarquía y caciquismo* de Joaquín Costa (1901), en donde se realiza un análisis de la situación de España y una hermenéutica política de la misma, es donde Díaz Fernández encuentra buena parte de los argumentos de su crítica. Sólo que ésta no se hace a partir del «problema de España», como había sido el caso de todos estos ensayos, sino a partir del «problema del liberalismo», que es donde el escritor encuentra realmente lo esencialmente conflictivo de las últimas décadas de la historia de España.

La tesis principal de Díaz Fernández es que la *libertad* nunca pudo arraigar en España durante la Reforma, porque en España triunfó la Contrarreforma («la imposibilidad de sembrar la primera semilla de libertad de pensamiento» [p. 66]); ni en el periodo de la Revolución Francesa, porque en España sólo hubo una Restauración monárquica; ni siquiera con el ascenso del liberalismo, rápidamente adaptado al modelo oligárquico y de poder conservador. Esto imposibilitó la participación real del pueblo en la política ya que incluso cuando éste tomó parte en muchas de esas contiendas lo hizo «como un esclavo que se mueve automáticamente, es decir, soportando la inercia interior» (p. 67)[14]. Así pues, «ninguna de las etapas de perfeccionamiento político que ha recorrido el mundo, las ha recorrido España» (p. 67). El deber de la generación actual, dice Díaz Fernández, es «forjar una civilización política» (p. 67). La guerra mundial, la caída de los impe-

---

14 Rafael Torres desmonta el mito de la lucha por la «independencia» contra los franceses en *1808-1814 España contra España,* Madrid, La Esfera de los Libros, 2008.

rialismos, el desarrollo del socialismo, el triunfo de la máquina, la democratización de la vida son experiencias vitales suficientes como para que la nueva generación sea capaz de acabar con el peso del pasado que domina España.

Su crítica del liberalismo, por haber gobernado al dictado de los poderes tradicionales, le lleva a formular una «revisión» de algunos de sus postulados «que han dejado de servir a los intereses democráticos» (p. 69), al mismo tiempo que le permite esbozar un programa de acción política que se fija en: a) la transformación de la enseñanza en favor de una cultura integral que conforme un pueblo instruido, para lo que no será necesario tanto «escuelas» como «maestros», dado que «poco importa que existan mucha escuelas, si están regentadas por la inercia y la incomprensión pedagógica» (p. 84) y, menos aún, si se deja la formación del niño en manos del «fanatismo religioso». El impulso procedía del cambio que la lucha estudiantil contra la dictadura de Primo de Rivera había tenido al pasar de las reivindicaciones corporativas a la protesta política[15]; b) La concreción de la libertad, ya que ésta «no puede ser una idea sentida en abstracto, sino una realidad puesta en marcha» (p. 85), tal y como declaraba Lenin con la famosa afirmación que difundió Fernando de los Ríos «Libertad ¿para qué?»; c) Rechazo del parlamentarismo, asunto que estaba muy presente en los debates políticos europeos no sólo por la consideración bolchevique del sistema parlamentario como forma de dominio burgués, y la polémica entre Carl Schmitt y Hans Kelsen, con la que se

---

15 Pueden leerse para todo esto los artículos de Francisco Caudet. «Estudiantes y profesores contra la dictadura de Primo de Rivera», en *Las cenizas del Fénix*. Madrid: Ediciones de la Torre, 1993, pp. 67-82 y de Eduardo González Calleja. «La movilización estudiantil contra la dictadura primoriverista (1923-1931)» en su *Rebelión en las aulas*. Madrid: Alianza Editorial, 2009, pp. 99-137; y el primero tomo del libro de Manuel Aznar Soler. *República literaria y revolución.*, Sevilla: Renacimiento, 2010.

trataba de defender el carácter democrático[16] o no del sistema; sino también por el propio caso español: un parlamento, salido de una Restauración monárquica, no representativo dado que estaba dominado por la alternancia pactada de dos partidos (el llamado *turnismo*), el fraude electoral mediante compra de votos, las amenazas caciquiles, el control de los ayuntamientos de los pueblos, la baja participación electoral, el control policial y la censura de los partidos y organizaciones populares[17]; d) Reforma del individualismo dado que «la democracia de hoy no tiene necesidad de inscribirse bajo la garantía de un hombre, porque los problemas son tan concretos y rodean de tal modo a la muchedumbre, que ésta se halla absolutamente sumergida en ellos. Por eso no hay que buscar individuos sino organizaciones y de esas organizaciones es de donde han de extraerse las figuras más capaces para encauzar y acentuar la dirección de la lucha» (p. 82); e) Repudio y extinción del caciquismo que era «una suplantación de la soberanía» (Azaña: 199); f) Revisión de las conductas y depuración de todos cuantos hayan obrado sosteniendo la dictadura y el sistema de corrupción de la Restauración; g) Incorporación a la política institucional del proletariado ya que éste «ha hecho en nuestro país, luchando con el ambiente más rencoroso e indócil, una obra asombrosa. Logró abrir brecha en un capitalismo cerril y obligarlo a sancionar la legislación más avanzada, por lo que se refiere a jornada y horario. En medio de las violen-

---

16 Cf. Carl Schmitt.- *Los fundamentos histórico-espirituales del parlamentarismo en su situación actual*. Madrid: Tecnos, 2008 (primera edición 1923), y Kelsen. *Esencia y valor de la democracia*. Oviedo: 2006 (primera edición 1920).

17 Díaz Fernández exige: «hay que tener un Parlamento que exprese la realidad democrática del país y que no actúe bajo las presiones de ningún interés, de ninguna institución que no tengan un origen netamente popular». Y apunta también que «el Parlamento no es más que el embrión del verdadero cuerpo deliberante de la nueva democracia: el Sindicato» (p. 71).

cias del Poder, la oposición de los neutros y la represalia de las llamadas clases de orden, los obreros han logrado, solos, organizarse, disciplinarse, instruirse» (p. 96); h) Crítica radical del *politicismo*: «es indispensable acabar con el profesionalismo político y arrojar por la borda a los hombres de negocios, los cuales seguían siéndolo en el Parlamento y fuera de él. Tan pronto se le inyecte a la política una sustancia popular, que no viene sólo del voto, sino de la propia representación, caerá el complejo tinglado de intereses y codicias que hicieron posible un divorcio total entre el pueblo y los poderes del Estado» (p. 98); i) Derribo de los mitos y de los derechos consignados en los decretos y las leyes en beneficio de la constitución efectiva de los mismos: «Poco le importa al hombre que se le conceda derecho a la educación y derecho al voto, si el trabajo corporal de muchas horas ha de impedirle acudir a instruirse y si tampoco podrá votar otro representante que el que le imponga aquel ciudadano que le facilita medios de subsistencia. Ni siquiera el trabajo es libre, puesto que el patrono elige a quien le parece» (p. 102); j) Reformar y socializar el campo.

Este programa de acción política tiene, naturalmente, un horizonte institucional: la República, pero —como señala Ángel Duarte- tal concepto no era sino una «cosmogonía democrática» plural que entró en conflicto en 1931[18]. Ésta está delineada con el colectivismo de la época y la socialización de la institución del Estado:

> Una forma de gobierno popular, la república, supone, por lo menos, la ruptura con los privilegios tradicionales, la democratización de la enseñanza, la

---

[18] El mismo Díaz Fernández y Joaquín Arderíus expresaron su decepción con la recién instaurada república del 14 de abril en su *Vida de Fermín Galán*.

muerte de la oligarquía caciquil, el fin del monopolio privado, la garantía de los derechos del hombre y del trabajador, la transformación de las relaciones entre el Estado y el individuo que produce. Y una República que no inscribiese en su programa el mínimo de reformas que defienden las organizaciones obreras sería una república facciosa, sin arraigo en la conciencia popular, tan flaca y paralítica como aquella que se dejó morir en Sagunto. Afortunadamente, las nuevas generaciones proyectan su obra hacia la línea de las soluciones socialistas y su conducta imprimirá al nuevo régimen la suficiente responsabilidad ideológica para que no se quede donde quieren dejarlo los faraones electoreros» (p. 98). Un conjunto de posiciones políticas nuevas que construya «una república que fuese el punto de partida para una total transformación del régimen social y que congregase de antemano a su alrededor a las masas que quieren justicia» (p. 109).

El nuevo romanticismo EN PERSPECTIVA

Hasta 1930, año que Díaz Fernández señala como un cambio de eje histórico, una literatura y un arte integrados en la acción colectiva fue desarrollándose tratando de establecer, por una parte, ciertos significados sobre hechos e ideas de la vida social, y, por otra, intentando definir los términos de un conflicto que dividía a la sociedad en términos de explotados y explotadores, demócratas y autoritarios, reformistas y revolucionarios. La «novela social» o el «arte comprometido» son nombres con los que se quiso agrupar toda una serie de novelas, obras teatrales, cuadros y películas que organizaron la comunicación entre las distintas demandas de justicia social y las formas de subjetivación que eran necesarias para convertirlas en acciones sociales. En 1930, Díaz Fernández creía que existía ya una generación responsable y a la altura de su tiempo. A esta generación sólo le faltaba en España un arte capaz de transformar la acción colectiva en una *nueva creación* (como quería Fermín Galán), en un mundo nuevo. Entendía, como escribió Galán, que «las enseñanzas de la Historia existen; pero no como leyes, sino como condensaciones relativas de experiencias que se acumulan, conformando nuestra posición en la vida» (Galán: 44), y que la nueva civilización por venir sería completamente distinta a las anteriores. Por eso, en el último capítulo del libro, Díaz Fernández esboza los rasgos artísticos de aquellas tendencias estéticas en las que encuentra un proyecto social del arte nuevo. Los encuentra en el trabajo escénico y dramatúrgico de Erwin Piscator, en los ejercicios vanguardistas de Jacinto Grau y Azorín que tratan de fundir el auto sacramental, la idea de retablo y las farsas con la densidad del mundo moderno. Los halla en las pinturas que retratan cualidades de la naturaleza o de la sociedad en relación con la sensibilidad contemporánea. Un arte y una literatura que provenga de la democracia en tanto que ésta es «instrumento único de vida social» que «representa una categoría de acción y de vitalidad. Únicos factores que mandan imperativamente en la historia» (p. 112).

Desde 1930, todo el proyecto del nuevo romanticismo

sufrió una notable transformación al tratar de insertar *lo popular* en la representación de una cada vez más agudizada lucha social. La literatura de avanzada, tras el fracaso republicano de ir más allá de una progresista sociedad burguesa, dejó paso a un arte y literatura proletarios y a una escritura documental y testimonial. La *experiencia del porvenir* ya no guiaba la escritura de avanzada porque con acontecimientos como los de Casas Viejas (1933), el octubre rojo asturiano (1934) y la revolución que siguió como respuesta al golpe de estado de los militares en 1936 la realidad ya no se interpretaba sino que se construía. Esta escritura de avanzada fue quedando dispersa en fragmentos, pero mantuvo ligada su fuerza vital y su emoción estética para orientar el arte hacia una condensación de *lo humano* que proyectó su horizonte. Aún César M. Arconada, en ese impresionante libro de poemas titulado *Vivimos en una noche oscura,* podía escribir en 1936 versos tan neo-románticos como los que abren el poemario:

> Ninguno de vosotros, viejos amigos de hombros y
> pies en marcha,
> Ninguno de vosotros,
> Ni tú, mi amante joven, camarada,
> Ni yo, uno como sombra recogida de silencios,
> Ninguno, ninguno ha conocido el día de ayer. Justamente el día de ayer.
> ¿Qué nos dicen los exactos, fríos, claros relojes
> Que cantan horas y confeccionan días?
> Hay crepúsculos que llevan en su vientre de cristal
> una penosa noche de siglos,
> Como hay auroras rápidas que cantan mundos con
> su filo de acero.

No siempre la vida sube por la cremallera de los segundos de reloj,
Ni es alegría doméstica y sumisa lo que cantan los pájaros prisioneros.
¡Nacer! ¿Escogimos acaso viento y momento en la rosa de las treinta y dos puntas?
Nacimos en la noche de ayer —acabada la claridad, muertos los resplandores-.
En la noche de ayer... ¡Y somos casi viejos y en la noche vivimos!
Nuestros ojos con luz, enterrados vivos en las sombras.
Nuestra fuerza joven, perdida como una máquina con herrumbre de lluvia.
La inteligencia asolada de dudas. El corazón frío.
El cuerpo cansado de penalidades heroicas.
Vivimos en una noche oscura,
Amigos, amante joven: camarada,
En una noche oscura, profunda, negra, como remanso de agua bajo arcada de puente.
Nada hemos visto nacer, y vemos muertas muchas cosas,
Tendidas sobre grandes cementerios de luna.

César de Vicente Hernando
Madrid – 2013

Referencias citadas:

Azaña, Manuel. *Plumas y palabras*. Barcelona: Crítica, 1976

Bürger, Peter. *Teoría de la vanguardia*. Barcelona: Península, 1987.

Calvo Serraller, Francisco. «El reino de la noche. Una introducción al romanticismo» en *El arte de la era romántica*. Barcelona: Galaxia Gutenberg, 2012; pp. 11-20.

Campoamor, Clara. *El voto femenino y yo*. Madrid: Horas y HORAS, 2010

Duarte, Ángel. «La esperanza republicana» en Rafael Cruz y Manuel Pérez Ledesma (ed.) *Cultura y movilización en la España contemporánea*. Madrid: Alianza Editorial, 1997, pp. 169-199

Galán, Fermín. *Nuevas ideas*. Barcelona: Producciones editoriales, 1979

Gómez Blesa, Mercedes. *Modernas y vanguardistas*. Madrid: Ediciones del Laberinto, 2009.

Jarnés, Benjamín. *Teoría del zumbel*. Zaragoza: Instituto Fernando el Católico, 2000.

Lowy, Michel y Sayre, Robert. *Rebelión y melancolía*. Buenos Aires: Nueva Visión, 2008.

Marx, Karl y Engels, Friedrich. *La ideología alemana*. Barcelona: L'Eina editorial, 1988

Nash, Mary. *Mujeres en el mundo*. Madrid: Alianza Editoria, 20121.

Ortega y Gasset, José. *Discursos políticos*. Madrid: Alianza Editorial, 1990

_____ . *El tema de nuestro tiempo*. Madrid: Alianza Editorial, 2006

Riot-Sarcey, Michèle. *Histoire du féminisme*. París la Découverte, 2008.

Ródenas, Domingo. *Travesías vanguardistas: ensayos sobre la prosa del Arte Nuevo*. Madrid: Devenir, 2009

Salem, Jean. *Lenin y la revolución*. Barcelona: Península.

Safranski, Rüdiger. *Romanticismo*. Barcelona: Tusquets, 2009.

Santonja, Gonzalo *La República de los libros*. Barcelona: Anthropos, 1989

Scanlon, Geraldine. *La polémica feminista en la España contemporánea 1868-1974*. Madrid: Akal, 1986

Tuñón de Lara, Manuel. *Medio siglo de cultura española (1885-1936)*. Madrid: Tecnos, 1984

Vela, Fernando. *Ensayos*. Madrid: Fundación Banco de Santander, 2010

Zetkin, Clara. *La cuestión femenina y la lucha contra el reformismo*. Barcelona: Anagrama, 1976

El Nuevo Romanticismo

*Polémica de arte,
política y literatura*

a Fernando Vela[19]

---

19 Fernando Vela (1888-1966), periodista e intelectual, trabajó en los diarios *El Noroeste* y *La Prensa,* ambos de Gijón. Durante los años veinte colaboró con los proyectos editoriales de José Ortega y Gasset, *El Sol, Revista de Occidente*, de quien fue discípulo y uno de sus ayudantes más importantes. Dirigió los diarios *Crisol* (1931)*, Luz* (1931) y *Diario de Madrid* (1935). Aunque Díaz Fernández no compartiera sus ideas sobre el arte y la literatura, encontró en él apoyo y respeto. Entre sus libros destacan *El arte al cubo y otros ensayos* (1925), *El futuro imperfecto* (1931) y *El grano de la pimienta* (1950). Tradujo, entre otros muchos, al sociólogo y filósofo alemán Georg Simmel, y al psiquiatra y neurólogo alemán Ernst Kretschmer.

I. La moda y el feminismo

Últimamente, de una manera inesperada, y entre las protestas más o menos explícitas de los hombres y el disgusto pasivo de las mujeres, se ha producido una «revolución» de la moda. Ruego que esta palabra «revolución», que circula clandestinamente en nuestro país como un explosivo, sea aceptada para los fines de mi pensamiento en sus términos esenciales. La «revolución» de la falda y de los cabellos largos es la primera y evidente expresión de un cambio profundo de normas vitales, el síntoma irrecusable de que el mundo ha enfilado una dirección distinta a la que venía siguiendo durante los últimos cincuenta años. Claro está que una «revolución» que modifica cosas tan frágiles como los cabellos, los crespones y las sedas, no ha inquietado para nada a nuestra celosa burguesía, que tanto azuza a sus cancerberos para defender el orden y el principio de autoridad. Pero lo que me extraña es que la gendarmería literaria o intelectual, tan abundante en nuestro país, no quiera darse por enterada de que en este año 1930 se registra en todos los frentes del arte contemporáneo una transformación de estilos y de ideas que significa, sencillamente, el punto de partida de una nueva concepción de la vida. Habrá que achacar este silencio a ese pacto oscuro que han hecho la mayoría de nuestros intelectuales con los valores establecidos y al temor, que raya en lo pavoroso, de las llamadas minorías dirigentes, para todo cuanto signifique radical alteración de los grandes principios que forman el esqueleto de la civilización de nuestro tiempo.

Puede que alguien crea exagerado prurito de análisis esta insistencia mía en hacer de la moda un eco de las inclinaciones íntimas del hombre de hoy y en atribuirle un valor de caracterización que pudiera ser achacado a causas menos sutiles. Pero sobre la importancia de la moda como reflejo del espíritu de las sociedades no tengo necesidad de repetir ahora opiniones de investigadores tan solventes como Simmel y Ortega y Gasset. Lo que interesa, sobre todo, es estudiar este hecho: la falda abundante de las mujeres y la melena alargada de pronto hasta los hombros no son momentos caprichosos y versátiles de las costumbres actuales, sino rasgos típicos de una tendencia de vida colectiva que se anuncia irremisiblemente para lo futuro. Lo cierto es que los mismos caracteres que encontramos en la moda femenina los hallamos en el arte y la literatura de nuestro tiempo, en las obras llamadas de avanzada[20], y, por fin, en las últimas modalidades de la política y la sociología, cuyas ideas se proponen nada menos que modificar el croquis espiritual del mundo.

La emancipación de la mujer no es tanto obra del liberalismo político del siglo XIX como del progreso mecánico del mundo. La máquina descarga a la humanidad del superesfuerzo corporal, que es la más fuerte contradicción de la llamada civilización cristiana y facilita a la mujer el acceso a toda suerte de actividades productoras. Una de las

---

20 Que no de vanguardia. Este vocablo hay que repudiarlo porque ha vestido de moderna en España a una literatura mixtificadora de la que hablaré más adelante [Nota del autor].

paradojas más curiosas de los últimos lustros es que mientras la mujer se encuentra en casi todos los países alejada de la política activa, figura en cambio al lado del hombre en las funciones de tipo social. No dirige la vida desde los Parlamentos -el caso de Inglaterra confirma la regla-, pero la ordena y elabora desde las universidades o desde las fábricas. El movimiento sufragista era muy poca cosa, por lo que se refiere a la participación de la mujer en la vida pública. La imaginación popular veía a las sufragistas como una guerrilla de solteronas que hostilizaba a los pobres parlamentarios de antes de la guerra por el afán de suplantar a los hombres. Tampoco en esta ocasión se equivocaba el juicio general. El sufragismo es un fenómeno liberal sin más importancia que los escándalos neuróticos de la señora Pankhurst[21]. Yo creo que los biólogos debían estudiar ese odio al hombre del feminismo primitivo a la luz de la endocrinología. Lo cierto es que el feminismo político no ha significado nada en las reivindicaciones sociales de la mujer y en cambio ha podido producir -y ha producido-, desde luego, una gran confusión en torno a sus fines de colaboración humana. Si los derechos políticos le han servido al hombre para tan poco, no sé por qué habían de servirle para más a la mujer, sobre todo si tener voto no significa tener pan.

En un libro de Krische[22], *El enigma del matriarcado*,

---

21 Una de las fundadoras de la Liga en favor del derecho al voto de las mujeres, una de las primeras organizaciones del movimiento sufragista inglés, Emmeline Pankhurst (1858-1928), también impulso la organización Women's Social and Political Union (Unión Política y Social de la Mujer) en 1903. Fue conocida por sus tácticas de desobediencia civil y el uso de la huega de hambre como modo de reivindicación. Hacia los años veinte el movimiento ya se había dividido en varias tendencias.

22 Libro publicado por Revista de Occidente en 1930, había aparecido en Alemania en 1927 produciendo un importante debate antropológico y político. En su escritura participan Paul Krische (1878-1956), ingeniero agrónomo y librepensador; y su esposa Marie Reinicke (1880-1945), esta última autora de numerosos ensayos sobre la condición de la mujer anteriores a este ensayo que están en la base del mismo. Reinicke era miembro del Partido Socialdemócrata Alemán SPD en los años veinte.

traducido recientemente al castellano, encontramos un estudio inmejorable acerca de las influencias de la mujer en las sociedades primitivas. El autor explica el predominio de la mujer o del hombre con arreglo a la tesis de las circunstancias determinantes. La mujer tiende al sedentarismo, porque la sexualidad y la especie le impiden participar ventajosamente en una sociedad activa y errante. La única época de ginecocracia, de gobierno de la mujer, que registra la humanidad, parece ser aquella en que la sociedad primitiva pasa de la existencia dinámica de la caza a la agrícola y pescadora. Entonces las circunstancias económicas determinantes ponen en manos del sexo sedentario los resortes de la producción y, por lo tanto, los del mando político.

Véase, pues, cómo la dirección social está regida por factores de orden económico.

Para fijar las características del movimiento feminista moderno nos encontramos [con] que esta misma ley continúa vigente. De este modo resulta indispensable sostener que si la mujer ha entrado resueltamente a colaborar en la vida contemporánea lo ha hecho no por causas de carácter político, sino por razones del progreso social. Pero de ningún modo para instaurar una especie de matriarcado, como han sostenido algunos pseudosociólogos, ni siquiera como consecuencia de la guerra que apartó momentáneamente al hombre de las tareas puramente productoras. La sustitución del hombre por la mujer no se ha verificado porque no podía verificarse. He ahí el fracaso del ruidoso feminismo político, que pudo un día llegar, como ha sucedido en los últimos años, a copiar la indumentaria del hombre, a imponer los cabellos cortos, la nuca rapada, la falda corta y los arreos masculinos. Nuestras damas del movimiento feminista están todavía tan retrasadas que siguen pidiendo para la mujer el voto político y el escaño parlamentario.

En cambio, a mi manera de ver, la victoria del feminismo consiste en haberse articulado por sus propios medios en todas las zonas de la sociedad humana. La mujer tiene, incluso biológicamente, una función complementaria a la función masculina. Con lo cual, no quiero decir que está incapacitada para ninguna profesión de carácter intelectual ni para ninguna labor manual que no represente sólo un esfuerzo típicamente muscular. Cuando Marañón sostiene que la obra de la mujer es puramente familiar y específica, encierra el problema en los límites clínicos, en vez de abrirle más anchura sociológica[23]. El mérito de la participación femenina en las actividades contemporáneas es que incorpora al mundo de hoy una sensibilidad y un apetito que desconocía el mundo anterior a la guerra. Por primera vez en veinte siglos la mujer vierte en la vida su alma espléndida y brillante. No es extraño que ella comunique a esta vida que ahora empieza, a esta formidable fundación cósmica, su gesto peculiar. No es extraño que ella haya lanzado el grito del vestido romántico, falda y cabellos largos, cuando asoma por Oriente un nuevo romanticismo.

---

23   En, por ejemplo, «Nuevas ideas sobre el problema de la intersexualidad y sobre la cronología de los sexos» en *Revista de Occidente,* n° LXVI, Diciembre de 1928, pp. 257-293.

II. Siglo XIX y Romanticismo

No intento una definición del romanticismo. Hay tantas y tan diversas que una más apenas añadiría a mi tesis argumentación respetable. Quiero, sin embargo, expresar un juicio al que atribuyo cierta firmeza. Es éste: que el romanticismo no ha sido tanto la exaltación de lo individual como de lo humano. El individualismo ha tenido su expresión más acabada en el orden jurídico, que dio paso libre a la democracia; pero la jurisprudencia no es más que la cristalización de una energía anterior, que adquiere de pronto virtualidad y forma. La medida del romanticismo nos la dan las revoluciones, la política y la artística, porque ambas mueven al pueblo y al intelectual hacia las grandes aspiraciones, hacia los ideales culminantes. El mismo espíritu que gana la batalla de *Hernani*, toma la Bastilla y carga la carreta trágica de cabezas recién cortadas[24].

Frente a una literatura academicista y una vida putrefacta, donde todo es tradición y estilo, los románticos levantan las barricadas del corazón. Es decir, colocan lo humano en primera línea. Dejan que en el hombre hablen las voces más sinceras, las voces del alma y del instinto. Si hay suicidios son suicidios por amor, porque en el amor es sin duda alguna donde se encuentran las raíces más hondas de

---

24   Un artículo de Ricardo Baeza narraba ampliamente «La batalla de *Hernani*» en *Revista de Occidente*. LXXVIX, Noviembre de 1930, pp. 224-249.

lo humano. ¿Olvida alguien que hace poco se ha suicidado por amor Maiakovski, el poeta máximo de la Rusia soviética?

Yo no quiero hacer una defensa del romanticismo, al que acuso de hinchazón retórica, de borrachera pasional, de gesticulación excesiva y ociosa. Pero no puedo menos de apreciar en aquella generación arrebatada y triste el anhelo ideal que les ha faltado a las posteriores. La tragedia del mundo se alojaba en su propio pecho y con ese huracán interior atravesaban la vida y hacían frente a la muerte. La vida tenía entonces un sentido: amar, odiar, luchar y morir.

Para comprender bien el siglo XIX hay que partirlo en dos mitades: la revolucionaria y la constructiva. Lo que interesa para este tema es el período primero, porque en él se encuentra la fuerza que transforma el mundo. Mientras la democracia no sufrió la hipertrofia de sus instituciones, mientras la burguesía no se encontró bien instalada en el área social, duró la tensión romántica que logró dar un acento a todas las formas de la existencia. Una clase se hizo dueña del mecanismo del vivir y construyó su arte, su política, sus instituciones y sus gustos para servirse de ellos. Si el siglo XIX es el siglo del romanticismo, es también el siglo racionalista y científico. Conquista la libertad para el hombre, pero al final el hombre se pierde en un juego de sistemas, de teorías y de postulados filosóficos y sociológicos. Llega un momento, ya cuando la centuria acaba, en que a la sociedad humana le falta la fe en sus hondos destinos. Se han dado las batallas religiosas y el laicismo pasa a ser pura pedagogía. Adviene al arte y a la política un cansancio, una flojedad que en vano quieren disimular los tópicos gigantes que ruedan por las planas de los periódicos y por los discursos oficiales. Y surge, por fin, la gran prueba que ha de justificar el caudal de verdad y de idealismo que el siglo XIX transportaba en su hinchado vientre. Se produce la guerra europea.

La guerra es el fracaso de todos los principios y todas las predicciones del último siglo. La democracia liberal tenía como último objetivo la paz universal. El pacifismo había informado las palabras de los políticos y las doctrinas de los sociólogos. En 1870 gritaba en Francia el verbo tronitonante de Víctor Hugo: «¡Basta de fronteras! ¡El Rin para todos! ¡Seamos la misma República, seamos los Estados Unidos en Europa, seamos la libertad europea, seamos la paz universal!». Es curioso. El poeta de Francia habla en 1870 el mismo lenguaje que los estadistas europeos de 1930 en la Sociedad de Naciones. Mr. Briand[25] le copia a Víctor Hugo la frase de los Estados Unidos de Europa. Pero es que aquel río retórico, espejeante y gigantesco, arrastraba una materia corruptora: el dinero. El dinero flota por encima de las ideas de fraternidad y pacificación y organiza un choque casi cósmico. Hemos visto que tampoco la democracia liberal era capaz de instaurar la bella comunidad humana. El mundo tuvo ocasión de conocer la más temible de las autocracias: la autocracia capitalista. La democracia, próvida matrona, dio a luz a un monstruo de mil cabezas: la plutocracia.

Esto coincidió con la hegemonía de la máquina. La máquina significa una nueva civilización. El desarrollo de la técnica y del capitalismo industrial colocó en el centro

---

25   El político francés Aristide Briand (1862-1932) fue el redactor principal de un informe fechado en 1930 en el que se proponía la organización de una Unión Federal Europea. Fue Premio Nobel de la paz en 1926.

mismo de la vida una clase para quien la justicia seguía siendo sólo una palabra. El artesano de antes fue sustituido por el proletario. Éste empezó a pensar que la democracia no podía ser una concepción irreal de los juristas, sino una obra concreta de producción social, un elemento dinámico de las sociedades organizadas. La vida sindical empezó a actuar en la órbita de los poderes tradicionales y nació el hombre que, aliado con la máquina, concibe normas nuevas de convivencia. Nació el colectivismo, con un programa de libertad económica.

Entretanto, empezaron a aflojarse las ligaduras que sujetaban el Estado al liberalismo histórico. Los pueblos sufren otra vez el sarampión nacionalista, llámense Italia con su fascismo gobernante o Inglaterra con su laborismo imperialista y burocrático. Algunos programas políticos retrocedieron a formas despóticas de Gobierno, creyendo apuntalar así el ruinoso sistema que la guerra dejó deshecho.

Esto, por lo que se refiere a la vida pública, considerada como un reflejo del estado de ánimo del mundo. En cuanto a la sensibilidad individual, pudo observarse que unas veces por laxitud y otras por extravío la vida humana flotaba sin norte, cargada de superficialidad y de escepticismo. La experiencia de la guerra trajo a las generaciones subsiguientes un apetito voraz de vitalismo, que se tradujo en una euforia física, vinculada al deporte y al placer fácil y casi decadente de la refinada vida contemporánea. Pero eso era muy poca cosa. Era muy poca cosa, porque nada hay tan falso, efímero y externo como la pasión del músculo o del sexo. El deporte o el baile son válvulas de escape para la exuberancia vital de ciertos años de la juventud; pero transcurren éstos y el espíritu necesita un alimento más delicado y continuo. Necesita desplazarse hacia ideales permanentes, históricos, que forman, por decirlo así, el combustible indispensable para recorrer los caminos de la existencia. Las generaciones de la preguerra cultivaron con alocado empeño las aspiraciones inferiores de la naturaleza humana. De pronto, volvieron los ojos a su intimidad y se encontraron con el vacío inmenso que supone una vida sin pluralidad de fines, y lo que es peor, sin fe ni confianza en el futuro. «¡Qué horror! –dice el personaje de una novela francesa contemporánea–. ¡Qué horror siento en este cabaret, bajo esta luz que me marchita, pensando en que mañana me esperan las mismas horas estériles!». Se había abandonado lo humano. Porque lo humano no es dejar suelto el impulso biológico, ni lo humano consiste en desatar la personalidad de sus vinculaciones interiores. Lo humano es mejor que nada la acción espiritual del hombre, su contacto permanente con el futuro que es patrimonio que no perece. En este sentido la vida del hombre después de la guerra fue floja y vacía como no lo fuera seguramente en ningún período de la historia, a contar desde las edades bárbaras. Sólo parecían salvarse de esa negación de ideales los hombres que velaban al lado de la máquina y sentían que la justicia no había llegado aún hasta ellos.

III. La literatura antes y después de la guerra

El progreso maquinista que engendra el siglo XIX imprime a la literatura una dirección nueva. Por otra parte, los escritores son, naturalmente, los que reciben de manera más directa esa impresión desoladora de una época que va perdiendo la fe en sus convicciones fundamentales. En estos espíritus es donde se incuba la reacción más violenta. Lanzan sus apóstrofes más duros contra el arte, que empezaba a hipertrofiarse, producto de las ideas y los sentimientos del siglo XIX, y aseguran que quieren romper con el pasado en nombre del porvenir. Eso es el futurismo. El futurismo se da primero en Italia y después en Rusia, pueblos especialmente preparados para las transgresiones artísticas, Italia, por su enorme pasado, que pesará siempre sobre el espíritu original de sus creadores. Rusia, porque presentaba un medio social propicio a la siembra de toda idea extraña y radical, y porque, además, poseía una tradición literaria de gran porte. Nótese que esta revolución literaria acontece precisamente en dos pueblos donde se registran dos revoluciones sociales diferentes. Se dice que Marinetti, el futurista italiano, es el precursor del fascismo. Más bien creo al fascismo precursor de Marinetti. Es decir, las causas que movilizaron el nacionalismo de las camisas negras, sus mitos románicos, sus violencias, fueron las mismas que hacían caminar a Marinetti con unos versos incendiarios en la mano. Pero el futurismo italiano y el futurismo ruso se separaron en dos líneas divergentes, tan divergentes como el fascismo y el comunismo. Quiere decirse que Marinetti se hizo fascista y él, que se llamaba destructor de museos, tiene hoy un cargo oficial por el cual resulta un conservador de museos.

La decadencia de Marinetti empieza poco después de la guerra, en la cual toma parte como capitán de Automóviles blindados. De esta época es su libro *La alcoba de acero*, vibrante canción a la mecánica bélica. Es entonces cuando el futurismo se encuentra absorbido por el fascismo. Los evangelistas del arte puro, los que quieren dejarlo al margen de los movimientos políticos y sociales, convinieron en que Marinetti había llevado en el pecado la penitencia, al injertar en su postulado estético ideologías extrañas como las preconizadas por Nietzsche y Sorel.

Conviene que el lector se fije en un hecho de gran interés: donde el futurismo obtiene mayores núcleos de partidarios es en Italia y en Rusia. Trotski, en su libro *Literatura y revolución*, lo explica diciendo que se trata «de un fenómeno varias veces repetido en la historia: los países que se han quedado atrasados, pero que disponen de cierto grado de cultura intelectual, reflejan en su ideología más clara y poderosamente que otros las conquistas de los países más adelantados. Por lo mismo no es en América, ni en Alemania, donde el futurismo ha encontrado su expresión más esencial, sino en Italia y en Rusia»[26]. Efectivamente, la filosofía nietzscheana ha tenido epígonos va-

---

26   Leon Trostki. *Literatura y revolución.* Madrid: Akal, 1979, p. 97 (primera edición 1924).

liosos en Alemania y Norteamérica, y, sin embargo, en ninguno de los dos países prendieron ni la dictadura ni el futurismo. Éste procede directamente de Nietzsche y Whitman.

Al divulgar Marinetti la guerra como esencial actividad del artista frente a un arte organizado ya, el futurismo es fecundo gracias al pensamiento de Zaratustra[27]. Le era necesario, sin embargo, asimilarse otras ideas que aglutinasen a los futuristas en una corporación activa, imperiosa, combatiente, que les diese eficacia como poder social. Así se asimiló el futurismo la *Teoría de la violencia,* de Sorel, con sus postulados de *boicot, sabotaje, acción directa.* Es

---

27 El intelectual y artista italiano Phillipo Tommaso Marinetti usó a Nietzsche, como muchos fascismo posteriores, como fuente de inspiración para sus escritos. Sus ideas alimentan el Primer manifiesto futurista, de cuyo libro *Así habló Zaratustra* tomó la propuesta de la guerra como impulso vital. En el capítulo 11, el filósofo alemán escribe «No sois bastante grandes para no conocer odio y envidia. ¡Sed, pues, bastante grandes para no avergonzaros de ellos! Y si no podéis ser santos del conocimiento, sed al menos guerreros de él. Éstos son los acompañantes y los precursores de tal santidad. Veo muchos soldados: ¡muchos guerreros es lo que quisiera yo ver! «Uni-forme» se llama lo que llevan puesto: ¡ojalá no sea uni-formidad lo que con ello encubren! Debéis ser de aquellos cuyos ojos buscan siempre un enemigo - vuestro enemigo. Y en algunos de vosotros hay un odio a primera vista. ¡Debéis buscar a vuestros enemigos, debéis buscar vuestra guerra, una guerra por vuestros pensamientos! ¡Y si vuestras ideas sucumben, vuestra honestidad debe cantar victoria a causa de ello! Debéis amar la paz como medio para nuevas guerras. Y la paz corta más que la larga. A vosotros no os aconsejo el trabajo, sino la lucha. A vosotros no os aconsejo la paz, sino la victoria. ¡Sea vuestro trabajo una lucha, sea vuestra paz una victoria! Sólo se puede callar y reposar cuando se tiene una flecha y un arco: de lo contrario, no se hace más que charlar y disputar. ¡Sea vuestra paz una victoria! ¿Vosotros decís que una buena causa es la que santifica incluso la guerra? ¡Pues yo os digo que es una buena guerra, la que santifica la causa! La guerra y el coraje han hecho cosas más grandes que la caridad. No ha sido vuestra compasión, sino vuestra valentía lo que ha salvado hasta ahora a los infortunados». En la época era notable en el pensamiento político las ideas de Georges Sorel, impulsor del sindicalismo revolucionario, que en sus *Reflexiones sobre la violencia,* de 1906 (no *Teoría de la violencia* como escribe Díaz Fernández) introduce la concepción de convertir en mito los principios fundamentales del marxismo y entiende que sólo a través de la acción y de los actos de violencia se puede desarrollar una nueva ética de sublimidad y una nueva moral civilizatoria. Todas estas ideas son trasladadas por Marinetti, dice Díaz Fernández, al ámbito del arte, como hiciera en España Ernesto Giménez Caballero.

decir, puñetazo, asalto de museos, etc. Los futuristas son los primeros que luchan en las calles, colectivamente, con la policía. Marinetti estuvo preso por un violento discurso pronunciado en Milán contra el rey.

Pero eso era el sindicalismo. El sindicalismo se apodera en Italia de las fábricas y amenaza con la dictadura sindical. Entonces aparece un falso futurista: Mussolini, socialista relapso, de historia sindical muy turbia, y crea el fascismo con su mito romano, su teoría de la dictadura política y su programa de reconstitución nacional. Van al fascismo la clase media y la burguesía, los verdaderos enemigos del futurismo, compuesto de intelectuales que habían sostenido, sin embargo, dirigidos por Marinetti, la intervención armada. Marinetti no podía retroceder. Una figura más popular, Mussolini, le suplantaba con sus propias doctrinas ante la gran masa italiana. Marinetti no se había dado cuenta del terrible peligro de moldear un programa estético con ideas de tipo político.

Por eso ahora sostiene Marinetti, con tanto empeño, que el futurismo es el creador del fascismo. No hay tal. Ambas concepciones tienen, es cierto, una procedencia común: el superindividualismo de Nietzsche. El advenimiento del fascismo supone la decadencia del futurismo, hasta tal punto que Marinetti, el incendiario de museos, el Eróstrato[28] moderno, el furioso denostador del pasadismo, acepta ese retorno a la Roma antigua que Mussolini propugna un día y otro para mantener la cohesión de sus milicias, y se reconcilia con el imperialismo.

Desde hace cinco años la vida de Marinetti es una continua rectificación, pero no para repudiar el error, sino con

---

28 Pastor de Éfeso que destruyó el tempo de Artemisa incendiándolo por conseguir fama.

propósitos de sostenerlo. En realidad, el futurismo italiano no existe. El antiguo periódico de Marinetti, *Poesía*, que dirige Mario Dessy[29], vive lánguidamente y tiene difusión entre estudiantes y artistas plásticos, el más notable de ellos Prampolini[30]. Hubo un momento en que el futurismo estuvo a punto de convertirse en doctrina estética de grandes posibilidades: fue cuando los obreros italianos empezaron a interesarse por aquel estilo artístico que se desvinculaba del arte tradicional y escogía elementos derivados de la técnica industrial moderna. Pero el giro ideológico de las teorías de Marinetti decidió su impopularidad porque ni la burguesía ni la clase media, con el gesto estético estragado por un largo proceso de cultura académica, son capaces de comprenderlo, ni siquiera de disculparlo.

No sucedió así por lo que se refiere al futurismo ruso, que se afilió inmediatamente en las filas revolucionarias con Maiakovski a la cabeza. En su libro *Literatura y revolución*, Trotski asegura que Maiakovski ha podido convertirse en el poeta épico de la Revolución; que su «150.000.000», poema tan popular en todas partes, no es el poema de la epopeya social de 1917[31]. Lenin tampoco simpatizaba con el futurismo. Pero es lo cierto que las nuevas generaciones soviéticas cantaban en la lucha los poemas de Maiakovski, fijados más tarde como periódicos murales en las fábricas, y que cuando se suicidó Maiakovski, todo el pueblo obrero de Moscú desfiló ante su cadáver.

---

29 Mario Dessy (1902-1979), poeta futurista, fue director de la revista *Poesía,* fundada por Marinetti, Sem Benelli y Vitalino Prei en Milán en 1905, en su segunda serie, a partir de abril de 1920.

30 Enrico Prampolini (1894-1956) uno de los pintores futuristas más importantes, realizó una amplia labor en diversas artes: como escenógrafo, decorador, escultor y escritor. Formó parte, en los años treinta, de otros movimientos de arte abstracto como Cercle et Carré. Fue autor de varios manifiestos artísticos.

31 Leon Trostki. *Literatura y revolución*. Madrid: Akal, 1979, p. 117-118 (primera edición 1924).

El futurismo es la tendencia más seria y más fecunda de cuantas figuran en el índice de la nueva literatura. Lo caracterizaba un ímpetu destructor, imprescindible en toda obra de avanzada artística. Daba entrada por primera vez en la lírica a elementos que habían estado hasta entonces desahuciados de la literatura y que respondían a exigencias de una nueva sensibilidad. Fue el futurismo el que creó las metáforas maquinistas, las imágenes simultáneas, el dinamismo lírico, y ese entusiasta desplazamiento del poeta hacia temas multitudinarios. Algunos críticos de entonces acusaron de neorrománticos a los futuristas, con gran indignación de algunos de éstos. Yo creo que el futurismo tuvo un perfil poderoso precisamente porque era neorromántico y venía a deshacer con gesto duro las espumas irisadas del modernismo.

Casi al mismo tiempo apareció en Francia el cubismo. El cubismo no es, como sabe todo el mundo, una escuela literaria, sino pictórica; pero su papel en el arte y sus estrechas relaciones con la creación estética de su época me autorizan para colocar bajo esta denominación a las literaturas paralelas. El cubismo, que en pintura reaccionaba contra el impresionismo, volvía a las llamadas formas puras, geométricas. Sus filiales literarias retornaban del mismo modo a la prosa pura, a la expresión como técnica, al estilo estilizado. Tendían simplemente a realizar lo que en literatura se llama *la forma*. Al mismo tiempo se intelectualizaban de tal modo que su obra literaria estaba destinada exclusivamente a las minorías. Existía un decidido alejamiento de lo humano, por oposición resuelta a lo que se consideraba esencia del romanticismo. A mi juicio, estas literaturas heredaban el frío cerebralismo de las últimas fechas del siglo XIX, y cuanto más presumían de encontrarse lejanas de él, más se le acercaban. Cada autor era una oficina de imágenes y de trasposiciones ingeniosas.

Contra lo que cree mucha gente, la epidemia de los «ismos» -futurismo, ultraísmo, creacionismo, dadaísmo- es anterior a la guerra. Significa sencillamente un síntoma del cansancio cósmico de aquellas generaciones a las que faltaba un ideal que pudiéramos llamar extraestético. La guerra conmovió igualmente el mundo literario. A raíz de ella, los «ismos» siguieron rigiendo impunemente en el desconcierto que produjo en el alma humana la catástrofe. Aumentaron las falanges de *snobs*. «El esnobismo -dice Franz Werfel[32]- alcanza su más alto florecimiento cuando empieza a vacilar la estabilidad de los ideales. Es la polilla destructora que Dios envía para terminar con las formas ya periclitadas de la sociedad.» Es indudable que el éxito de las literaturas formales constituye la prueba más convincente de la liquidación de un sistema social. Las presuntuosas literaturas de vanguardia no han tenido otra misión en la historia de nuestro tiempo que anunciar el último vagido del siglo XIX. Ellas, ¡que se creían matrices del futuro! En vano quisieron colocarse fuera del tiempo, ya que no del espacio —eran tan puras como el aliento de los ángeles—, llamándose ambiciosamente neoclásicas. Pero estaban muy lejos de responder a ese momento plenario y único de una civilización que llega a su cenit.

La divergencia que había iniciado el futurismo de Marinetti respecto al futurismo ruso fue todavía en Francia

---

32   En «El snobismo como fuerza espiritual del mundo» en *Revista de Occidente*, Año VIII. Nº LXXXIII, Mayo 1930, (la cita en la página 148). Franz Werfel (1890-1945) escritor y dramaturgo, participó inicialmente de la estética expresionista para ir derivando después hacia una concepción social de la literatura. En 1924 escribió el drama *Juárez y Maximiliano*. Atento a los problemas de su tiempo, en 1933 publicó *Los cuarenta días de Musa Dagh* sobre el genocidio armenio.

más ostensible y peligrosa. Porque Marinetti pactó con el pasado en nombre del nacionalismo italiano, para enardecer líricamente el fascismo. En cambio, los neoclásicos franceses se acogieron a un pasado mucho más tremendo: el de la Iglesia. Creyendo negar así toda la ideología racionalista del siglo XIX, buscaron para sus metáforas el albergue tradicional del catolicismo. Ignoraban, sin embargo, que el mundo no necesitaba un dogma, sino una fe. Se aliaron con los legitimistas franceses, resumen de lo «snob», y como querían una literatura de santo y seña, fueron a ponerse de acuerdo con diplomáticos, obispos y aristócratas, la gran familia del imperialismo putrefacto. De todas suertes, se estableció en todo el mundo una especie de acuerdo fascista intelectual, que iba de las letras a la política, y viceversa.

Esa caracterización ha tenido la vanguardia literaria en nuestro país, influido por Francia desde siempre. Son inútiles hipocresías y disimulos, porque el juego está claro y hemos descubierto, por fin, su mecanismo. Pero aún hubo de complicarse más esta regresión de las formas artísticas con motivo de las reacciones de la preguerra. Del mismo modo que el transitorio feminismo político inventó la mujer deportiva y masculinizada, los vanguardistas literarios instauraron como única fórmula de modernidad las metáforas deportivas. Era pintoresco leer la literatura de esos señoritos satisfechos[33] donde se mezclaban imáge-

---

33   Insuperable definición de Ortega y Gasset [Nota del autor].
    [La definición completa de Ortega del «señorito satisfecho» sitúa históricamente su aparición: «la civilización del siglo XIX es de índole tal que permite al hombre medio instalarse en un mundo sobrado del cual percibe sólo la superabundancia de medios, pero no las angustias. Se encuentra rodeado de instrumentos prodigiosos, de medicinas benéficas, de Estados previsores, de derechos cómodos. Ignora, en cambio, lo difícil que es inventar esas medicinas e instrumentos y asegurar para el futuro su producción; no advierte lo inestable que es la organización del Estado, y apenas si siente dentro de sí obligaciones. Este desequilibrio le falsifica, le vacía en su raíz de ser viviente, haciéndole perder contacto con la sustancia misma de la vida, que es absoluto peligro, radical problematismo.

nes atléticas y palabras del tenis, del fútbol o del boxeo. Por lo general, estos muchachos no hacían otro deporte que el de ir al teatro con su familia en automóvil propio, o recorrer en bicicleta las carreteras lugareñas. Creían que los versos con muchos aviones y muchos *cocktails* eran cifra y compendio de la moderna sensibilidad.

Todas estas causas decidieron que la palabra vanguardia, tan significativa en ocasiones, lograse total desprestigio. Porque escritor de vanguardia, en la firme acepción del concepto, será el escritor que va delante lo mismo en pensamiento que en estética. Aquí se daba el caso de que el vanguardismo representativo era tan reaccionario en política como cualquiera de esos «trogloditas» de que hablaba Unamuno[34] refiriéndose a los conservadores españoles. Por esta razón hay que buscar otra palabra para designar el movimiento de la auténtica vanguardia literaria, cuyo perfil quiero trazar inmediatamente.

La forma más contradictoria de la vida humana que puede aparecer en la vida humana es el «señorito satisfecho». Por eso, cuando se hace figura predominante, es preciso dar la voz de alarma y anunciar que la vida se halla amenazada de degeneración; es decir, de relativa muerte. Según esto, el nivel vital que representa la Europa de hoy es superior a todo el pasado humano; pero si se mira el porvenir, hace temer que ni conserve su altura, ni produzca otro nivel más elevado, sino, por el contrario, que retroceda y recaiga en altitudes inferiores. Esto, pienso, hace ver con suficiente claridad la anormalidad superlativa que representa el «señorito satisfecho». Porque es un hombre que ha venido a la vida para hacer lo que le dé la gana. es que se trata de «un hombre que ha venido a la vida para hacer lo que le dé la gana (...) Se caracteriza por <saber> que ciertas cosas no pueden ser y, sin embargo, por lo mismo, fingir con sus actos y palabras la convicción contraria.» (José Ortega y Gasset. *La rebelión de las masas*. Madrid: Alianza Editorial, 1997, pp. 122, 123; primera edición en libro 1929)].

34   Usada esa expresión en varios libros y artículos del Unamuno anterior a la Primera Guerra Mundial, lo utiliza a partir de la dictadura de Primo de Rivera, y especialmente en los seis años de destierro (1924-1930), en cartas y trabajos periodísticos para referirse a los militaristas conservadores de «españolismo enconado» que odian la inteligencia y que pensaban que el «liberalismo es pecado». Una edición de las cartas ha aparecido en la Universidad de Salamanca: *Cartas del destierro: entre el odio y el amor (1924-1930)*. Salamanca, 2012.

IV. La literatura de avanzada

En medio de los hombres sin fe que fueron a la guerra empujados por los últimos tópicos heroicos del patriotismo, existían otros que habían adelantado su mirada más de cincuenta años. Estos hombres lograron vislumbrar una nueva civilización, que había de levantarse sobre los escombros de la lucha. Una civilización fundada en la justicia humana, sostenida por la libertad integral del hombre. Entre los escritores, estos grandes espíritus se llaman Gorki, Bernard Shaw, Romain Rolland... Su literatura revelaba la falsedad de todos los principios admitidos como intangibles, y oponía a ese cúmulo de falacias una nueva moral. Ellos y unos pocos más lanzaban contra el mundo entero la profecía de que el siglo XIX había dejado de gobernar a los pueblos y que era inminente un cambio de rumbo en los destinos de la sociedad humana.

La guerra, por su parte, creó la verdadera literatura pacifista, la que no habían conseguido los campeones de la fraternidad universal. Barbusse, Glaeser, Remarque, Zweig, cualquiera de estos autores traducidos a todas las lenguas, han descrito de tal modo los sufrimientos del hombre en las trincheras y la inutilidad del sacrificio popular que el espíritu de nuestro tiempo se levanta indignado y unánime contra las ideas que los fomentaron. Pero estos escritores no se conforman con presentar el índice alucinante de los horrores bélicos; toman sobre sí la responsabilidad de una obra más duradera. La Revolución rusa, que pretende sencillamente organizar la vida, transformando, no un Estado, sino una moral, produce la verdadera literatura de avanzada. Porque allí no [sólo] se conmueve un sistema social. Las nuevas generaciones rusas se han decidido a realizar una obra original y a construir con mano firme todo un aparato de gobierno, todo un programa de transformaciones. Para ello han tenido que inventar una nueva fe, tan alta y de tal calidad que sólo la que movió el sacrificio de los primeros cristianos puede compararse a la suya. He aquí, por eso, cómo los escritores rusos preconizan la vuelta a lo humano, porque son el esfuerzo y el ansia del hombre los que han de llevar a cabo la gigante empresa.

Esta vuelta a lo humano es la distinción fundamental de la literatura de avanzada, que agrega a su pensamiento y a su estilo las cualidades específicas del tiempo presente. Aquellos valores aportados por el futurismo de Maiakovski no han sido desdeñados por los nuevos escritores: síntesis, dinamismo, renovación metafórica, agresión a las formas académicas: todo eso se encuentra en Ivanov, en Leonov, en Pilniak, en Rodionov[35]. Las radicales mudanzas que ha sufrido el mundo en los últimos años han polarizado los conflictos del alma humana, en problemas diferentes a los que antes movían las plumas de los creadores. Uno de los más grandes es esa prueba de resistencia interior que ha de dar el hombre de hoy, al compro-

---

35 Últimamente, el auge de la literatura social es extraordinario. En Francia «el populismo» congrega a los escritores jóvenes de más relieve. De ese movimiento forma parte el de la «literatura proletaria», cuyas firmas triunfan en todas las literaturas europeas. (Véase el libro de Henry Poulaille *Nouvelle âge littéraire*, París, Valois, 1930.) [Nota del autor].

meterse ante la historia a construir por sí solo un nuevo modo de vivir. Ya no es esa concepción vaga e imprecisa de las idealidades abstractas: es la realidad indeclinable de un nuevo orden de cosas, que tiene que afirmarse y fortalecerse.

Para eso se necesita, sencillamente, un nuevo romanticismo. Yo lo auguro para el arte y para la vida. Europa ya no puede más de cansancio, de escepticismo y de desconcierto. Dicen que el alma no puede vivir sin una religión. Nosotros, hijos del siglo más científico y mecanizado, hemos extirpado quizá toda clase de mitos y simbolismos; pero no podemos vivir sólo para esto, para esto tan breve, tan personal, tan egoísta y tan efímero. Necesitamos vivir para el más allá. No para el más allá del mundo, puesto que no es posible creer en una tierra detrás de las estrellas, sino para el más allá del tiempo. Es decir: necesitamos vivir para la historia, para las generaciones venideras. Los mejores espíritus de nuestra época preconizan, para hacerse cargo de esta responsabilidad histórica, una austeridad y un misticismo ejemplares.

Pienso que los nuevos románticos han de parecerse muy poco a los románticos del siglo XIX. Carecerán, afortunadamente, de aquel gesto excesivo, de aquella petulancia espectacular, de aquel empirismo rehogado en un mar de retórica. Pero volverán al hombre y escucharán el rumor de su conciencia. Fuera de esto, lo demás apenas tiene importancia. Esperemos, además, que este nuevo romanticismo no descargue su eléctrico impulso solamente sobre el amor. Es posible que las generaciones nuevas encuentren el amor más franco y accesible de lo que está ahora, menos rodeado de prohibiciones y de estímulos. Si hubo un tiempo en que al espíritu del hombre le bastaba la preocupación del amor para movilizar todos sus afanes y desvelos, llegará otro en que el amor erótico quede muy en segundo término, tal como ya está regulado por la naturaleza y por la especie. Otro amor más dilatado y complejo, fruto del progreso humano y de la depuración de las relaciones sociales moverá a los hombres del futuro, será el eje de la gran comunidad universal. Me imagino que el cambio de circunstancias vitales de la mujer influirá en la situación de ésta, incluso en sus sentimientos elementales. En la vida actual, la mujer está preparada única y exclusivamente para el matrimonio. Es lógico que hoy la pasión amorosa se condense en ella de tal manera que excluya aspiraciones de otra índole. La sociedad actual es manca, porque le falta el brazo activo de la mujer. Cuando la mujer no necesite el matrimonio para resolver su vida y cuando el hogar deje de ser la sepultura del espíritu, entonces la pasión amorosa podrá ser sometida a disciplina y equilibrio. Por lo menos no encontraremos mezclados en vergonzoso contubernio el amor y el cálculo, la pasión y el dinero.

Para terminar: lo que se llamó vanguardia literaria en los años últimos no era sino la postrera etapa de una sensibilidad en liquidación. Los literatos neoclasicistas se han quedado en literatos a secas. La verdadera vanguardia será aquella que ajuste sus formas nuevas de expresión a las nuevas inquietudes del pensamiento. Saludemos al nuevo romanticismo del hombre y la máquina, que harán un arte para la vida, no una vida para el arte.

V. La juventud y la política

I

Son muchos los que al solicitar el concurso de la juventud para una obra de esfuerzo colectivo que nos depare días distintos, utilizan el sofisma con el propósito único de extraviarla. Si nuestro tiempo tiene alguna virtud es la de haber esclarecido bien los contornos de las ideas y señalado diáfanamente sus fronteras. El fariseo quiere combatir ahora, por ejemplo, el liberalismo, y se declara antiburgués. Pretende exaltar el «fascio» y compara el golpe de Estado de Italia con la revolución social de Rusia. Alude a una España joven, vital e impulsiva, y la quiere extraer exclusivamente de los campos deportivos, como si la vitalidad y el impulso fuesen cosa puramente física y no supusieran la existencia ineludible del resorte espiritual. Hasta en el juego actúa el espíritu. Pero menguado espíritu el que no siente otra gallardía que la del salto; ni otra confianza que la que otorga el músculo. Si los valores humanos se sujetaran sólo a la escala física no habría más héroes que los atletas ni más cobardes que los hombres corporalmente insignificantes. Pero por fortuna para la Humanidad las almas se miden de otra manera.

Convendrá, pues, de vez en cuando, puntualizar bien

los conceptos que disputan actualmente en el área del pensamiento, aunque no sea sino para responder a tanto equívoco como pulula por ahí. En primer lugar, queridos jóvenes españoles, ahora, como en todos los días de la Historia, las diferencias que separan a los hombres de la Tierra son diferencias morales. El hombre debe ser, desde luego, una fuerza activa; pero tiene que ser preferentemente una conducta. La fuerza del bandolero es una fuerza disolvente, negativa; la fuerza del hércules de feria es una fuerza intrascendente; la fuerza del minero es una fuerza creadora, lo mismo que la del artista. Está claro que tales energías son respetables en cuanto contribuyen a la perfección de las relaciones humanas, en cuanto ostentan jerarquía moral. Yo no soy de los que confunden la ética con la estética, que sería tanto como confundir la gimnasia con la magnesia, según el dicho vulgar. Pero estimo que ningún hombre, aunque sea artista, puede estar desinteresado de la justicia. Ésta es otra confusión que está circulando como moneda moderna para comprar juventudes indiferentes y perezosas. Nadie pide que la obra de arte sea política ni contenga esencialmente una finalidad proselitista a favor de tal o cual tendencia, extraña al arte mismo. Lo que se solicita es una atención para aquellos temas susceptibles de interpretación artística que posean, por propia naturaleza, un contenido moral. Trágica es la lucha del hombre con los designios del Destino; pero es igualmente trágica su batalla con la brutalidad atávica, con el egoísmo, con la codicia, con la ignorancia, con la crueldad. Esto es: con el «troglodita» que definió Unamuno.

Un país, España, por ejemplo, tiene sobre sí los rigores del fanatismo, del analfabetismo, del cerrilismo. Se odia ferozmente a la inteligencia, se persigue al que no acepta la justicia llamada histórica. ¿Puede la juventud desentenderse de una obra de renovación? ¿Debe hacer el sacrificio de sus horas alegres y emplearlas en un escrupuloso examen de conciencia?

Para el que esto escribe, escritor que ama su oficio, estas preguntas están resueltas. Tomar la pluma en la mano constituye, tal como va el mundo, la máxima responsabilidad. En el fondo de las provincias, perdida y anhelante en ciudades y pueblos oscuros, está una juventud que es espíritu vivo de la España que todos queremos. Juventud enemiga de la pobreza, ansiosa de cultura, adversaria de la injusticia; pero mal avenida también con los antiguos sistemas de educación o de política, con el caciquismo o el tópico. A esa juventud no se la puede engañar. A esa juventud hay que decirle que, en el fondo, lo que buscan quienes le aconsejan apoliticismo y abstención es la pasividad y la inercia para que las fuerzas tradicionales puedan permanecer en sus posiciones.

El escritor no es un funámbulo que pueda hacer cuerda floja de las ideas. Y ahora menos que nunca. Hay que insistir cerca de los jóvenes de provincias para que se vacunen contra ciertas sugestiones del Madrid intelectual. Lo dice quien está empozado en él; pero bien provisto de escafandra y seguro de no perecer. A veces se escribe así, se dice esto o lo otro, por notoriedad o por despecho; en muchas ocasiones para desfogar el «troglodita» que va dentro, ese al que hemos aludido antes. Daría pena que la juventud virgen, entusiasta, capaz de comprender y obrar, siguiese el ejemplo suponiendo tales actitudes propias de la época que vivimos. Nuestra época tiene su expresión, que no puede ser la antigua, ni en esto ni en nada. Pero la fórmula nueva expresará mejor que ninguna las angustias y las preocupaciones del hombre de ahora.

Afirmo, dispuesto a probarlo, que el fascismo literario —el fascismo, en realidad, no es más que literatura— no es tal vanguardia. Es, sencillamente, una farsa de señoritos que han merodeado siempre alrededor de los ministerios. El fascismo es la alianza en el Poder de la clase media y la burguesía, con su catolicismo, su mito romano, su afianzamiento de la propiedad y del industrialismo privados. Mientras el liberalismo va facilitando la emancipación del proletariado hasta dejar sitio al socialismo, el invento de Mussolini va cerrando ese camino hasta dar a la política un sentido medieval y guerrero. En cambio, Rusia es el productor en el Poder, la proletarización del Estado. Esto es tan evidente que casi resulta una perogrullada decirlo. Lo digo, sin embargo, porque, como he dicho al principio, hay gentes interesadas en hermanar las dos dictaduras en vituperio, no del liberalismo, sino de la democracia. Y para insistir, además, en el carácter de vanguardia que tiene el fascismo subvencionado por el Poder. Porque si éste ayudaba antes al señoritismo con empleos y prebendas ahora costea literatura y proclamas como las de Curzio Malaparte[36].

Existe seguramente en España una juventud a quien puedan confiarse las palabras que quedan escritas. Ella medita sin duda en el generoso esfuerzo que le espera.

---

36 Curzio Malaparte (1898-1957), pseudónimo de Kurt Suckert. Escritor, periodista y diplomático italiano. Tomó parte en la Marcha sobre Roma organizada por Mussolini. Fundó el periódico *La Conquista dello Stato*, en 1924, que influyó en los fascistas españoles. Participó activamente como propagandista en el Partido Nacional Fascista. En 1931 publicó *Técnica del colpo di Stato*, que motive su expulsión del partido por sus críticas a Mussolini y a Hitler.

II

No soy de los que añoran un pasado que sólo conozco de oídas, ni de los que se muestran descontentos del tiempo en que viven. Pero estimo saludable encontrarle sus contradicciones y propagar una conducta opuesta a la corriente. El hombre actual, que marcha con los pies bien pegados a la tierra, no sé por qué ha de abandonarse a la voluptuosidad de la despreocupación, si ésa es también una forma de sueño vacuo y de suicida renunciamiento. Nada más incongruente que una juventud exenta de sentimentalismo y de interés, forjada en la máquina, la velocidad y el deporte, que se desentiende de los resortes de la vida social: es decir, que no defiende sus bienes de civilización. Los que se indignan con los jóvenes porque aparecen alejados de los problemas sociales servirían mejor a sus convicciones si les incitaran a ser consecuentes con sus gustos y a defenderlos en el área de la vida pública, dándole a ésta lo que le falta ahora: músculo, valentía y sinceridad.

«La época anterior a la nuestra —escribe Ortega y Gasset en *El tema de nuestro tiempo*— se entregaba de un manera exclusiva y unilateral a la estimación de la cultura, olvidando la vida.»[37] Es verdad. Al hombre actual le interesa preferentemente la vida, el ejercicio de la vida, que es una cualidad nueva y embriagadora de la presente humanidad. El siglo XIX cultivó la muerte con orgullo, y a la sombra de ese árbol hermoso y sollozante nacieron revoluciones gloriosas, heroicas inspiraciones, epopeyas geniales del espíritu. El progreso mecánico determinó una supervaloración de la vida, que se hizo más cómoda y más alegre. An-

---

37 José Ortega y Gasset. *El tema de nuestro tiempo*. Madrid: Alianza Editorial, 2006, p. 143 (primera edición 1923).

tes bastaba saber morir. Ahora las gentes prefieren la sabiduría de vivir. Un siglo que viajaba en silla de postas y se alumbraba con aceite era un siglo menos sensual y, por lo tanto, vivía con el pensamiento puesto en una ideal fantasmagoría, en un trasmundo que era delicioso explorar.

Pero al siglo de las intuiciones y los descubrimientos ha seguido el siglo de la especialización, de la técnica y de la ciencia aplicada. El hombre se beneficia ahora, como nunca, de la civilización. ¿Cómo es posible que no se ocupe de regir y administrar esa enorme fortuna de vitalidad que es toda la vida moderna? Porque la política es la actividad pública más cargada de realidades, la más sujeta a los grandes problemas que rodean la existencia individual y colectiva. Precisamente nunca como en esta hora tiene más razón de ser la política, aun sin acudir a la definición aristotélica. Quizá el arte de los Estados no tuvo nunca una atmósfera tan propicia, un clima tan favorable. Las concentraciones industriales, la invasión del campo por la urbe, el predominio de la democracia, la socialización de la cultura: todo surge de esa fecunda matriz de la política, llámese sindicalismo, socialismo, parlamentarismo o régimen de corporaciones. No vale adjudicar al vocablo «política» una significación caprichosa; las fórmulas políticas han cambiado, tienen fisonomías diferentes, pero son, en esencia, iguales: el desenvolvimiento del hombre dentro de la vida social. Se arguye que los grandes pleitos actuales son de carácter económico; pero se olvida que la lucha política siempre ha sido eso: guerra económica. Las revoluciones inglesas de 1640 y 1688, baluartes del liberalismo parlamentario, no significan otra cosa que la pugna entre terratenientes y productores. Luchan entonces «cabezas redondas» (burgueses y artesanos) y «caballeros» (palatinos), o *whigs* y *tories,* como se denominaron posteriormente. La Revolución francesa acaba lo mismo con los privilegios materiales de los nobles que con sus privilegios de tipo social. Por lo regular, todos los grandes conceptos políticos, esas soberanas palabras de libertad, fraternidad, democracia, constituyen la envoltura del fruto económico que codician las muchedumbres.

Siendo, pues, la hora presente la que marca el contorno real de las aspiraciones inmediatas del hombre, hallándonos como es notorio en una época que persigue por encima de todo los valores tangibles de la vida humana, el órgano más eficaz que poseemos para alcanzarlos dentro de la equidad y de la justicia será la política. Política de realidades, política de juventud, política positiva, donde cristalice el esfuerzo y los bienes de la vida se distribuyan sin privilegios con arreglo a los merecimientos de cada cual. El carácter de la sociedad contemporánea nos ha hecho más que nunca ciudadanos, miembros de un cuerpo vivo, disciplinado y orgánico. ¿Cómo no vamos a pedirles a los jóvenes que participen en la dirección de esa vitalidad que se desborda con briosa insistencia?

Por lo que se refiere a nuestro país, si las gentes estuvieran atentas a la obra de sus hombres, aprovecharían mejor las lecciones de algunos y serían más fieles a sus doctrinas. Otra vez acude a la pluma el nombre de Ortega y Gasset, cuyo pensamiento está acendrado por la preocupación política. Esto no lo han aprendido de él muchos de aquellos que le siguen. Por el contrario, permanecen encerrados en sus torres estéticas, lejos del torrente social, que no les conmueve siquiera. Hablan de juventud y de vitalidad, cantan el deporte y la máquina, y, sin embargo, se apartan con terror de todo contacto con las fuentes auténticas de esa energía. No saben hacer un alto en las tareas del arte para acudir solícitos a la conciencia nacional y cuidar que la vida pública sea la vida civilizada y fecunda que deben tratar de construir todos los hombres inteligentes, aunque no sea más que en beneficio de sí mismos y de su obra.

III

Estamos hartos de oír las voces pesimistas de ciertas izquierdas que como las cornejas de las casas abandonadas hablan de la indiferencia de la juventud por los problemas políticos. Figuras ilustres del pensamiento español contemporáneo han caído algunas veces en el mismo deleznable tópico. Lo cierto es que, si nos fijamos un poco en el panorama que ofrece a nuestros ojos la vida pública desde el advenimiento de la dictadura, sólo vemos alguna energía y algún valor en los elementos jóvenes que, afectos a uno u otro grupo o desligados de todos, conservan la confianza en el porvenir próximo. El equívoco de la inhibición juvenil ha partido principalmente de un error de punto de vista. Se ha mirado exclusivamente a Madrid –como si Madrid fuese toda España–, y en Madrid la atención ha recaído en las gentes jóvenes más visibles, es decir, en los escritores profesionales. El grupo de escritores puros engañó incluso a los políticos izquierdistas que para combatirlos daban vigencia a muchachos que eran, si acaso, la excepción de la regla. Nuestros liberales históricos llegan, en sus yerros, a crearle personalidad al enemigo. Ahora bien; se ha visto que tal grupo no existía siquiera. Que cuando se trataba de hacer una afirmación política sólo quedaban a extramuros de ella cuatro o cinco escritores medio católicos, medio fascistas, que disimulan su sentido reaccionario en el apoliticismo, o defienden con él las subvenciones oficiales. La juventud es universitaria, es obrera; se la busca en el aula, en el comercio, en la oficina o en el taller. Pero no se falla en última instancia asegurando que la juventud actual es conservadora, acomodaticia, indiferente y deportiva.

Puede que sea deportiva. ¿Por qué no ha de serlo? Las formas vitales cambian y uno de los rasgos más firmes de nuestra época es ese sentido de fuerza, de alegría, de vitalidad, que no excluye la participación en los negocios públicos. Al contrario, la exige porque vivimos un siglo práctico, de inexorables problemas económicos y hay que hacerle frente con un ímpetu que desconocían los hombres de otro tiempo. Los viejos se quejan de la indiferencia de los jóvenes. Pero ¿se dan ellos cuenta de la incomprensión con que los contemplan? Un joven de hoy empezará por rechazar el vocabulario político que arrebataba a nuestros abuelos. Después rechazará ideas ya prescritas, procedimientos fracasados, actitudes pasadas de moda. Sí, sí; pasadas de moda. Porque la moda es una realidad política, un valor con el que hay que contar para que el hombre contemporáneo se sienta sumergido en el contorno social. La juventud de hoy siente como ninguna el impulso de la libertad, oponiéndose a que continúe figurando nominalmente en la ley escrita. Quiere que esa libertad se traduzca en hechos y realidades positivas y no sea una ficción de la verdadera democracia[38].

La juventud actual se ha encontrado hecha la España de ayer y no puede corregir la de hoy de un día para otro. No se puede decir que ha tenido ocasión de actuar. Cuando actúe, yo estoy seguro de que no ha de incurrir en los formidables errores que han hecho posible entre nosotros una dilatada suspensión de garantías jurídicas. Nuestro país se ha singularizado por el gobierno de los viejos, por el predominio del escalafón y del ascenso; por el desprecio y la sordera para toda actitud que no estuviese regida por la madurez pacata y la transigencia electorera. Después de la experiencia dictatorial no es posible que nadie piense continuar en el ejercicio de métodos políticos en crisis. Todos sabemos qué clase de fuerzas han incubado el desarreglo de España y cuáles son los elementos culpables de nuestro atraso y de nuestros errores históricos. Contra esos obstáculos tradicionales –los verdaderos obstáculos tradicionales–, la juventud de hoy se dispone a combatir sin cobardía y sin prisa, porque ha hecho su aprendizaje en momentos inolvidables y difíciles.

Alguien supondrá que estas afirmaciones son demasiado generalizadoras para que garanticen una irrebatible realidad nacional. Pero para probar su autenticidad basta echar una ojeada sobre el panorama juvenil de nuestras derechas. ¿Qué juventud han creado ellas? Los estudian-

---

38 Se recoge aquí una idea de Julio Senador para quien «la libertad no es el derecho de ser libre sino el de poder serlo» (cito por *Castilla en escombros*. Ámbito, 1992, p. 257).

tes católicos son insignificantes en relación con los que militan en las filas liberales. En el último Congreso de Viena quedaron una vez más al margen de la organización internacional. Con los obreros católicos sucede lo mismo; en relación con el proletariado industrial de España no representan una fuerza que pueda pesar decisivamente en la futura vida española.

IV

Cuando leo cierta literatura juvenil que se arroga puerilmente el título de «vanguardia», me divierto encontrándole las fallas y contradicciones, no porque la tome demasiado en serio, sino porque me sirve de pasatiempo. Existe, sobre todo, en ella un equívoco muy gracioso, el equívoco de lo vital. «Lo vital» para estas gentes es utilizar un léxico deportivo o manipular en el tópico de manera que las frases hechas, los giros tradicionales, las expresiones manidas, se conviertan en prosa moderna. Lañadores de la vieja retórica, estos literatos son capaces de recomponer a Góngora sin Góngora e imitar a Proust en todo menos en lo de escribir una verdadera novela. Todos tienen, a la hora de escribir, unas décimas de fiebre clásica, y, sin embargo, buscan los vocablos del boxeo o del fútbol para darle al lector la sensación de que hay una «prosa del tiempo» como hay «limón del tiempo» o mariscos de la temporada en las cervecerías. Yo no sé qué vitalidad puede tener una literatura elaborada con materias muertas, ni qué clase de relaciones pueden existir entre la vida y la química literaria al uso. En realidad, estos «neoclásicos» no pugnan por un nuevo clasicismo, ni lo representan. Más bien son «neos» en el sentido político de la palabra: es decir, gentes que aceptarían sin gran esfuerzo un programa como el que llevaba al antiguo Congreso aquel delicioso don Manuel Senante[39].

Porque hablar de vitalidad será aludir a lo humano y a cuanto concierne al hombre. Y nada más lejos de ello que una literatura de imágenes visuales, de fulgores externos, donde existe una especie de lenguaje convenido que es todo su secreto. Esta literatura no refleja en ninguna de sus dramáticas variaciones al hombre contemporáneo ni tiene relación alguna con la conciencia de nuestro tiempo. Si acaso, participa del fenómeno actual del confusionismo, pues una de las modalidades de la crisis de la «posguerra» es la estafa ideológica, el «bulo» intelectual al servicio de

---

39   Manuel Senante (1873-1959). Miembro del Partido Conservador, primero; y del Partido Integrista, después, tuvo notable influencia durante su tiempo como director del diario integrista *El Siglo Futuro*. «Orador fogoso, aficionado a las frases gruesas que, cuando hablaba, parecía un energúmeno siendo en el fondo hombre todo bondad», según le describió el presidente del Consejo de Ministros Conde de Romanones, Senante. Su texto «Constante lucha de la verdadera España contra el liberalismo» resume muy bien el tono e sus ideas: «Gloria inmarcesible de Recaredo es haber proclamado en el Concilio III de Toledo la Unidad Católica en nuestra Patria. Desde entonces España ha luchado siempre denodadamente contra todos los errores que han querido arrebatarle esa joya preciadísima, que es el timbre más preclaro de su bandera y de su historia, y lo que constituye la esencia de nuestra nacionalidad. Porque la Religión Católica, no es sólo un sentimiento, que se incorpora a nuestra vida nacional, como alguien ha dicho. Es más, mucho más, infinitamente más que eso. Es la creencia, la norma de Fe que ha dado a España la unidad nacional, la cual sin ella no hubiera sido posible, y sólo por ella, como ha dicho Menéndez y Pelayo, adquirió nuestro pueblo vida propia y conciencia unánime; sólo por ella arraigaron nuestras instituciones y fue la Unidad Católica la que hizo la grandeza de España en el siglo de Oro. La Religión Católica es, pues, el fundamento, la piedra angular del cimiento de la nación española. El liberalismo, en síntesis, es la emancipación social de la ley cristiana, o sea, el naturalismo político. Es decir que liberalismo es desconocer, ya en el orden de los principios ya en el de los hechos, la suprema autoridad de Dios, no sólo sobre el individuo, sino también sobre las naciones y los Estados, que deben acatar y someterse en todo a la ley natural y divina, contra lo cual nada pueden legislar ni establecer». En *Cristiandad*, año II, nº 26, 1945, páginas 183-186.

la ciencia, de la política o la sociología. Defender una estética puramente formal, donde la palabra pierda todos aquellos valores que no sean musicales o plásticos, es un fiasco intelectual, un fraude que se hace a la época en que vivimos que es de las más ricas en conflictos y problemas. Cuando Ortega y Gasset habla de la deshumanización del arte, no la propugna. Pero unos cuantos han tomado el rábano por las hojas y han empezado a imitar en España lo que ya en el mundo estaba en trance de desaparecer. Precisamente ensaya ahora el espíritu europeo una virada en redondo por lo que al arte se refiere, se pregona una vuelta a la naturaleza, distinta a la de Rousseau; pero que es todo lo contrario a una deshumanización.

No podía ser de otro modo. La estética «neoclasicista» se contradecía a sí misma. Pretendía hacer un arte para minorías, y tenía como instrumento casi único de creación la metáfora, que por otra parte existió siempre en literatura. La metáfora es una creación popular, un elemento que reside en la boca del pueblo. Los nuevos literatos querían arrancarla de esos labios democráticos por donde afluye desde que el mundo es mundo y transformarla para uso de minorías. Naturalmente, por muchos juegos y escamoteos que hicieron con la metáfora no pudieron desvincularla de su sentido popular y muchas veces, casi siempre, acudieron al folklore, a los elementos de arte primitivos para crear el arte nuevo. El *Romancero gitano* de García Lorca, por poner el ejemplo más logrado, garantiza esta afirmación.

Por lo demás, el «neoclasicismo» español estaba en manifiesta desventaja en relación con el patrón francés, del cual era epígono. Faltaban aquí los escritores de largo aliento, los Gide, los Valéry, los Giraudoux, los Morand. Teníamos unos profesores que imitaban lo más cumplidamente aquellas prosas taraceadas y primorosas, pero disminuidas siempre en cuanto al atrevimiento, la originalidad y la armonía. Después de todo, estos escritores purgaban su propia culpa, porque querían hacer arte de selección en un pueblo sin minorías selectas y lo más que conseguían era leerse unos a otros y, claro está, titularse recíprocamente maestros. Francia es uno de los pueblos con un nivel de cultura suficientemente alto para arriesgarse a toda clase de pruebas y tentativas artísticas. Pero España tiene un coeficiente cultural muy modesto y no puede entretenerse en esas diversiones de señoritismo intelectual. Sin contar con el detalle definitivo: que estos literatos han roto con la tradición literaria española, incluso con su generación anterior. Esto parece que no tendría importancia tratándose de un arte verdaderamente nuevo, con valores de creación y de iniciación; pero lo cierto es que nuestros clásicos y nuestros escritores representativos -incluso Góngora que es precisamente el modelo «neoclásico»- representan a maravilla el puro espíritu de raza, son por muchos conceptos antieuropeos y en su obra ha cristalizado una España que aparece en muchos momentos y por muchas cualidades en pelea con la conciencia de Europa.

De todo lo escrito se deduce que la literatura «vitalista» no existe más que como etiqueta para hacer pasar como nueva la vieja mercancía. Ahora bien: es notorio que las formas vitales han cambiado desde el siglo XIX al siglo XX, y que el arte, la literatura, por lo tanto, no puede conservar la expresión romántica ni naturalista, que también era vital a su modo. Nuestro género de vida implica un arte, un estilo. Pero un estilo arraigado en el fondo humano, intransferible del hombre de hoy. El hombre de hoy, que acaba de desprenderse de la hinchazón retórica del siglo pasado, busca una fórmula esencial: la síntesis, la estilización de las formas vivas. La borrascosa expansión del pensamiento contemporáneo querrá eliminar elementos de pasado y ofrecer a los espíritus de hoy la emoción y la fuerza de una vida extraordinariamente rica, enérgica y vital.

De ahí que la literatura de gabinete se haya evaporado tan pronto y surja un arte de escribir que, aprovechando todas las fórmulas modernas, consiga encontrar las sugestiones del espíritu actual sin perder nunca el contacto con él. Yo diría que ahora es cuando el hombre no es otra cosa que el equilibrio entre las dos fuerzas, la del cerebro y la del corazón.

Nótese que los escritores que más han influido en los jóvenes literatos españoles llamados «puros» han sido los franceses de la generación de la guerra. Y la mayoría de ellos, católicos militantes o convertidos al catolicismo. El manojo es copioso y maduro: Cocteau, Claudel, Bertrand, Valois, Maritain, Massis, Henri Ghéon, Max Jacob. Algunos son nacionalistas furibundos. A esta literatura puramente formal, podemos filiarla como síntoma de la decadencia occidental. Occidente no logra siquiera inventar nuevos mitos y recurre a la mitología católica, para defenderse de la nueva fe de Oriente. Se pregona una reacción contra el racionalismo, culpable, según muchos, de cuantos males acaecen al mundo. Pero el tomismo no es más que la exhumación de una doctrina yacente entre los escombros del siglo XIX. Es natural que, cuando enflaquece el pensamiento y el arte da una vuelta sobre sí mismo para hacerse pura forma, los escritores traten de levantar las últimas estratificaciones de la conciencia y sacar a la luz otra vez el problema metafísico.

Pero ¿no habíamos quedado en que el arte es alegría, vitalidad, plasticidad, ironía? Una conversión, si es sincera, es un terremoto del alma. Los estetas actuales no nos habían hablado nunca de tales catástrofes. Más bien postulaban la serenidad y el orden. Y el apoliticismo. Toda idea es una representación política, una conducta, una concepción vital en movimiento. Ser literato católico supone, sencillamente, darle al arte un fin que no es el arte mismo. Por mucho que se quiera disfrazar este concepto, él romperá la envoltura para revelarnos su esencial verdad. Acabamos de leer en un joven católico, cuya originalidad de estilo no es otra que hacer del idioma una charada, esta afirmación delatora: «Y la única sola exclusiva y excluyente autoridad viva para un católico es la de su Iglesia. No en arte ni en parte, sino en todo»[40]. Este joven escritor español pasa por ser un joven príncipe de nuestras letras vanguardistas; por lo menos un infante. Es uno de los que organizaron el homenaje a Góngora a base de una misa. Sus palabras nos hablan de un tipo de literatura, de un dogmatismo tomista que informa la literatura nueva.

Se tiende, pues, a hacer una política con el instrumento del arte. A eso teníamos que venir a parar. Papini en su *Historia de Cristo* sirve al catolicismo de un modo tan perfecto que últimamente hemos sabido cómo con ese libro

---

[40] José Bergamín.- «Ni arte ni parte» en *La Gaceta Literaria*. nº 31, 1 de Abril de 1928, p. 1.

famoso el padre Gafo[41] ha traído al rebaño evangélico a una descarriada oveja comunista.

En realidad, nos complace ver cómo se ponen los puntos sobre las íes, cómo no es posible desplazar a la literatura de los afanes, inquietudes y desvelos de la sociedad humana. Encerrados en sus laboratorios de metáforas no habríamos podido contender con estos escritores puros. Saber que están en la acera de enfrente nos produce el gozo de medir nuestras fuerzas con el enemigo, aunque este enemigo quiera emboscarse en las trincheras estéticas.

A una ideología, otra. Admitido que el conflicto humano debe regir la obra artística. Frente a esa galvanización de la vieja doctrina es preciso establecer la otra, la de la verdadera vanguardia: el arte social. Con el mismo empeño que ponen en resucitar el tomismo para su arte esos escritores convertidos, es preciso vincular la literatura y toda la obra intelectual a los problemas que inquietan a las multitudes, porque ellas buscan la justicia «así en la tierra como en el cielo».

La generación del 98 es una generación laica que tiene también su convertido: Ramiro Maeztu. El laicismo rinde asimismo sus mejores frutos en el ciclo siguiente, cuyas figuras relevantes son Pérez de Ayala y Ortega y Gasset. Los nuevos literatos españoles todo lo heredaron de ellos, y aunque quieran dar un salto en sus admiraciones

---

41 José Gafo Muñiz (1881-1936). Dominico y máximo representante del llamado catolicismo social. Estudió filosofía y teología en Salamanca. Se orientó hacia la cuestión obrera y social. Con motivo de la huelga ferroviaria de 1912, Gafo impulsa la organización del Sindicato Ferroviario de Madrid. En el mes de febrero de 1914 funda el primer Centro de Sindicatos Libres. Numerosos artículos suyos sobre el tema salieron en *La Ciencia Tomista*. Fue rector del Colegio de Oviedo entre 1918 y 1921. Durante la dictadura de Primo de Rivera es, primero, vocal de la Comisión Interina de Corporaciones en el Ministerio de Trabajo, y, después, encargada de organizar los Comités Paritarios. Encarcelado en 1932, diputado a Cortes en 1934, fue detenido y fusilado en Madrid en 1936. De entre sus obras destacan: *Doctrina del Sindicalismo libre* (1923); *Polémica* (1923) y *El momento social de España: hechos e ideas*, conferencia (1929).

hasta Góngora, lo cierto es que se trata de un salto mortal. Una vanguardia que se apellida neoclásica y neotomista es, sin remedio, una retaguardia del pensamiento aunque acierte muchas veces a expresarse con acento moderno. La mayor parte de las veces nos quieren pasar de matute ese catolicismo militante; pero en el fondo su servidumbre al canónigo Góngora y al jesuita Gracián no significa otra cosa. La auténtica vanguardia será aquella que dé una obra construida con todos los elementos modernos –síntesis, metáfora, antirretoricismo– y organice en producción artística el drama contemporáneo de la conciencia universal. No es la forma lo de menos: en eso estamos conformes con los neoclasicistas de la hora. El estilo literario debe ir de acuerdo con las formas vitales que constituyen la órbita social donde nos movemos. El progreso de la expresión artística constituye un valor positivo de nuestro tiempo. Pero es un valor popular, porque al abominar el arte actual de toda retórica, de todo engolamiento, vuelve a las formas puras, al folklore, a la objetivación, a la fuerza inicial del esquema. Lírica, color, imagen. Pero, por debajo de todo eso, pasión, sinceridad, rebeldía y esfuerzo. He ahí el verdadero arte de vanguardia en una España católica.

Por otra parte, privar a la política de la magna ayuda de las letras, que tan decisivo papel en el orden de las ideas desempeñaron en la historia, parece, más que pernicioso, punible. Y lo es tanto más si se piensa que el vehículo de la cultura popular han sido las obras de imaginación, las obras que pudiéramos llamar «poéticas» por uno y otro concepto. Más que un decreto de Canalejas pudieron hacer los dramas de Galdós por las ideas liberales. Mejor propaganda socialista es la de una comedia de Bernard Shaw que la de un discurso del palaciego MacDonald[42].

Por otra parte, un escritor no puede eludir, como no sea en poesía lírica, temas o repercusiones de carácter político que se aprecian en el fluir del espíritu humano. Ni tampoco una sensibilidad de artista puede permanecer indiferente a los conflictos de la lucha individual o colectiva, ni a las reacciones de tipo humano dentro de la lucha social. Se ha querido simplificar la cuestión diciendo que el escritor debe participar en la política como otro ciudadano cualquiera, pero fuera de su arte, como el zapatero o el sastre que calzan o visten a sus clientes sin conocer su ideología. Pero ni las botas ni los trajes tienen relación con la vida del pensamiento, ni la literatura se compone sólo de palabras, de expresiones o atributos externos. Una página de Proust o de Giraudoux, cuajada de metáforas, míresela por donde se la mire, está trabajada sobre materia humana y afluye a ella una corriente de alma universal. Ponemos adrede los ejemplos menos útiles para extremar del todo el argumento.

Claro que pedirle a Giraudoux que haga una narración para defender la idea de República o debelar la de Monarquía sería insensato. Precisamente el defecto del romanticismo literario, con su complejo naturalista, ha sido hacer tributaria a la literatura de la política como sucede en Zola. Pero ¿por qué no ha de servir indirectamente la creación literaria al pensamiento político del tiempo, eligiendo personajes o temas que en la dinámica novelesca o teatral desempeñen una misión, si no proselitista, incitadora? La terrible Rusia de los zares se nos ha anticipado

---

42 Se trata de James Ramsay Mac Donald (1866-1937). Miembro del Partido laborista, fue dos veces primer ministro: una, en 1924; y la otra, en 1929. La opinión de Díaz Fernández sobre él reflejan la descripción que sobre sus posiciones e ideas tiene Trotski en ¿A dónde va Inglaterra? Europa y América, publicado en 1927 en Ediciones Biblos, pp. 112 y ss.

en Dostoievski y en Andreiev. Y no porque ninguno de los dos acometiera deliberadamente una obra de propaganda ideológica, sino que el ambiente y la pasión de aquella Rusia tenebrosa trabajaban en la conciencia del escritor de modo que su pluma se convertía, sin proponérselo, en arma de combate social. Es que el escritor, en relación con el mundo circundante, es el hombre del proverbio árabe: «Llamaron a la puerta de la tienda: «¿Quién eres?», preguntó. «Soy tú mismo», le contestaron». Esa comunicación del alma del artista, sensible e intuitiva, con el alma del prójimo, con el latido ingente del universo, es la cualidad que la hace inmortal.

No es cierto que con ella padezca nada la pureza del arte, porque al montar los primeros veinte años del siglo XX observamos que la originalidad reside simplemente en la expresión. Lo importante será mantener la forma adecuada a la época, el estilo propio de la vida actual. Por eso no puede ser recusado el arte nuevo por lo que tiene de sintético, de metafísico y desrealizado. Ivanov en Rusia, como Barbusse en Francia, son escritores tan modernos como Giraudoux o Cocteau. Lo que sucede es que aquéllos son los escritores que pudiéramos clasificar como «políticos» y a éstos los encontramos impasibles ante la política.

En el fondo no hay más que una cuestión de temperamento. Estas dos tendencias han existido siempre en todas las generaciones literarias y no tienen por qué no registrarse ahora. Pero excluir en absoluto a la literatura de la política es tanto como negar la diferente condición de los hombres o empeñarse en desconocerlos.

VI. Vida nueva y arte futuro

I. Poder profético del arte

Se oye decir a menudo que el mundo atraviesa una época penosa, donde están subvertidos todos los valores que han ido formándose y agregándose a la vida, a lo largo de las vicisitudes históricas. Pero si meditamos con algún reposo y con mediana cautela en esta afirmación que rueda, fría y hueca como un tópico, por la superficie de los medios sociales, venimos a comprender cuánto hay en ella de falso y expeditivo. Todo es cuestión de perspectiva, por utilizar un vocablo de técnica pictórica, que permanece intacto entre la evaporación de fórmulas y estilos. Hasta ahora, lo más sensato para la inteligencia fue tomar una perspectiva de pasado, es decir, recorrer las zonas pretéritas y abarcarlas en su visión totalizadora, a fin de someter el presente y el porvenir a un sistema de deducciones, experimentos y conclusiones. Pero esta prudente actitud se interpreta a veces con manifiesta falsedad. Abundan las gentes tan habituadas a enfrentarse con el pasado que a fuerza de mirarlo andan como el cangrejo: hacia atrás. Y lo peor es que aseguran marchar hacia delante, inevitable presunción de todo reaccionario, de todo hombre adscrito a lo arcaico. Acaso el hombre verdadero deba mirar al pasado por pura precaución: como el automovilista observa el camino que queda atrás por el espejito del parabrisas. De este modo, no caerá en la nostálgica vulgaridad de Jorge Manrique, ni achacará a una época defectos mayores que a otras.

Un buen punto de referencia para prever las formas sociales del futuro, sin sujetarse por completo al antecedente histórico, será el examen de la función artística que marca y colorea también los contornos de la época donde se produce. Si se considera discutible que el arte sea el eco más puro de la sociedad en la cual nace –tal es mi idea–, parece aclarado, en cambio, su carácter profético, su poder de insinuación de los movimientos vitales. Aquí ya tendríamos que utilizar el espejito del parabrisas para ver a Grecia o al Renacimiento, sin entregarnos en absoluto a la filiación escrupulosa de estos momentos culminantes de la tradición artística.

Al hombre actual le interesa tanto el «hoy» como el «mañana». Primero y gran valor de la vida que hoy vive el mundo. El hombre contemporáneo aprecia su misión vital por lo que tiene de actualidad y de presencia. Más que un depositario de la tradición, es un arquitecto de su propio impulso. Ya veremos después a qué arquitectura y a qué gentes me refiero. Porque, como ha advertido últimamente Ernesto Curtius, construcción, y aún mejor reconstrucción, es la finalidad a que deben ajustarse todos los esfuerzos[43].

No hay que olvidar que habíamos abandonado hacía poco el laberinto del siglo XIX, lleno de clamores gloriosos, de agitaciones resonantes, de desprecio a las cualida-

---

43   Ernst Robert Curtius.- «Restauración de la razón» en *Revista de Occidente*. nº LXXXIII, Mayo de 1930, p. 259.

des específicamente vitales. Se moría en nombre de la Inmortalidad individual o ideológica de una manera sencilla. Pero era, simplemente, porque la vida física, material, no valía la pena. Valía la muerte mucho más, ya fuese por una mujer o por una causa. La sobreestimación que acusa el romanticismo por los valores sentimentales parece que nacía de las angustiosas condiciones en que se vivía entonces, precisamente cuando la inteligencia atalayaba momentos más ricos para el destino humano. Viajar en diligencia, o sufrir cualquier otro rigor de aquel género de vida, tendría que valorizar muy parcamente la existencia. El progreso mecánico que enseña con soberbia nuestro siglo equilibra esas dos fuerzas, la espiritual y la física, antes desacordes, y ordena su función dentro de la órbita social. Yo bien sé que el heroísmo y el sacrificio, dioses crueles que precisan generosas inmolaciones, logran cada día un culto más tibio. Pero hay quien cree que esas energías perdurables del espíritu humano tienen actualmente una aplicación más fecunda, puesto que se ponen al servicio de ideales más próximos. Antes, una muerte bella glorificaba toda una vida. Ahora, una vida que no sobresalga espléndidamente no se justifica con una muerte elegante. Es el predominio de la Categoría sobre la Anécdota que nos enseñó Eugenio d'Ors.

En ese sentido se impone una reivindicación de nuestro tiempo, a pesar de sus fraudes equívocos, de sus monstruosos errores, de sus punibles superficialidades. La época del deporte y de la máquina, del invento y del juego, es también la época de la inteligencia y del orden. Cuidado con la palabra orden. No del orden en el sentido restrictivo de ese sarampión fascista que imita a la Roma cesárea como el mico imita al hombre. Se trata del orden en el concepto clásico de armonía, claridad y rigor. Lo que decía Schopenhauer de una sinfonía de Beethoven: «Un orden maravilloso bajo un desorden aparente». El orden que hay por debajo de todas las revoluciones, que es, sencillamente, establecer una jerarquía distinta de valores vitales.

Lo mismo que las catástrofes geológicas han ordenado un tipo de paisaje, una estructura cósmica que consideramos racional, así las revoluciones ideológicas plasman otros conceptos morales, estéticos y políticos.

El tremendo choque de la Gran Guerra promovió el traumatismo del mundo. Pero esto no quiere decir que la catástrofe no estuviera prevista, que con anterioridad a ella no notaran los avisados vigías del pensamiento presagios del gran suceso. Si en un libro de Marx de hace cincuenta años se nos anticipaba una doctrina económica que hoy empieza a estar en trance de ejecución, y en un libro de Nietzsche encontramos la apología de la fuerza, el alcaloide de estos ensayos de dictadura y autoridad que no significan otra cosa que la agonía de un sistema, podremos pensar que la guerra no ha sido más que el trámite final de la descomposición iniciada en el último tercio del siglo XIX por el fracaso del pensamiento esencial que lo informara. Y esta derrota, disimulada y escondida a lo largo del tiempo por la inteligencia occidental, se hizo evidente en los años posteriores a la guerra. Es en vano que la ortopedia autoritaria quiera enderezar y componer métodos de connivencia social que se pudren ya como materiales inútiles.

Se trata, sencillamente, de un cambio de formas vitales que ha de tener su expresión en los distintos órdenes de la obra humana. Esa transmutación de la vida exterior es la que sustituye, por sí sola, la función del individuo como célula social. Por eso decía al principio que esa subversión de valores no existe, sino que ha surgido una nueva valorización. Por tal causa puede decirse que nuestra época es de las más claras y definidas de cuantas ha vivido la humanidad. El maquinismo ha traído, acaso, esta simplificación que es la cualidad que con más fruición disfrutamos. Porque la conciencia pictórica existe; lo único que ha variado es la dirección de esa conciencia.

Y la dirección reciente de esa conciencia la ha registrado el arte, como antes registrara las futuras turbulencias, las confusiones y luchas que precedieron a esta serenidad. Estas cuartillas quieren sostener lo que Hebbel[44] llamó «el poder profético del arte». Puesto que ya parece resuelto el problema de las generaciones artísticas, lo cual demuestra que el arte se desarrolla por ciclos de creación homogénea, será saludable fijarnos en que los artistas atisban antes que nadie las formas vitales del porvenir. Por algo los antiguos llamaron vate al artista más puro, al poeta lírico. Vate, es decir, adivino. La intuición es el atributo del genio, y genio, específicamente considerado, es el creador, el artista que por la gracia de su obra es semejante a un dios. Singulariza el arte la invención y si se trata del arte plástico revelará, mejor que ninguno, la expresión total de las futuras formas vivas. O, con más exactitud, trazará el diseño de la historia que está por escribir, de los

---

44   Friedrich Hebbel (1813-1863). Dramaturgo y poeta alemán, su obra *Los Nibelungos* le convirtió en un autor famoso, exponente de un romanticismo tardío. Póstumamente se publicaron sus voluminosos *Diarios*, que incluyen numerosas anotaciones sobre teoría del arte. Algunas ideas del escritor está alimentando el libro de Díaz Fernández, como la de que «el arte debe comprender y representar la vida entera en todas sus diversas formas» o que el artista debe «representar en sí la humanidad en su fuerza, voluntad y aspiraciones colectivas» (en *Reflexiones*. Madrid: Atenea, 1919, pp. 46-47 y p. 70 respectivamente).

movimientos inevitables que han de producirse. De ahí que en el Renacimiento, cuando Miguel Ángel y sus discípulos culminaban espléndidamente, se insinuase ya el barroco que, como estilo, posee también indiscutible jerarquía. Las formas artísticas son, pues, en relación con la vida social, unas preformas, una anunciación de las posibles reformas.

Basta una ojeada superficial por la historia para convencerse de esta realidad. Las transformaciones políticas son casi siempre posteriores a las variaciones artísticas. Antes de la Revolución francesa ¿no se advierte el clamor del Romanticismo literario? Y antes de la Revolución rusa ¿no están Dostoievski, Chejov, Stanislavski y el mismo Gorki? El impresionismo francés nace en pleno *naturalismo*. Y es lógico que así sea, puesto que al artista le corresponde inventar, mientras que el sociólogo o el estadista no hacen sino estructurar y organizar la materia que, en forma primaria, después de la crisis, se mueve ante sus ojos. Por eso se ha podido decir que las epopeyas las hacen los poetas y no los guerreros. Vive el Cid porque así lo ha querido el juglar de Medinaceli. El artista es el explorador de vanguardia, el violador del tiempo virgen.

Ahora bien; es indudable que los años de la preguerra y de la posguerra fueron en todos los órdenes años de caos, de disolución y de titubeos. Se había perdido el norte para los empeños espirituales y en medio de las piras humeantes de las ideas y los sistemas no aparecía ninguna fuerza severa y firme, dispuesta a recoger y dirigir las aspiraciones sustanciales de individuos y pueblos. El torrente de la conciencia histórica seguía, sin embargo, retumbando en lo profundo, realizando su misión destructora y creadora a la vez. ¿Quién advirtió entre afirmaciones y desmanes, entre clamores babélicos y bárbaras explosiones, ese ritmo gigantesco y claro? El arte, y principalmente el arte plástico.

Era el que estaba más alerta, a pesar de sus «ismos» zigzagueantes, de sus contorsiones pueriles, de sus audacias turbadoras. Mientras el buen burgués vigilaba con los ojos desorbitados las cajas de caudales y los príncipes huían sin equipaje para convertirse en profesores de idiomas o en conductores de automóviles, los artistas prendían en su lienzo el paisaje del porvenir. La vida iba a ser como presentían sus lápices o sus pinceles.

II. El Greco y Goya

Hay dos artistas que por ser nuestros utilizaremos como punto de mira para situar la posición del arte moderno: El Greco y Goya. Ambos facilitan a la pintura actual dos calidades diferentes —calidades, no cualidades—. A los dos se les puede considerar con absoluta fidelidad originales y revolucionarios. Los dos han sido incomprendidos por su tiempo y aun por los ciclos subsiguientes. Puede decirse que para que ambos quedasen con evidencia a nuestros ojos fue preciso que bajase la gran marea de la historia y los recuperásemos, limpiándolos de las algas que había dejado sobre su obra la incomprensión del espectador y de la crítica. En muchos sentidos se han anticipado a nuestros días, cumpliendo la ley eterna del genio que es descubrir el futuro, preverlo.

Lo que preferentemente nos interesa para nuestro tema es fijar la caracterización social del arte de cada uno. En El Greco actúa, con su inmenso poder de concentración, de dominación, el medievalismo, la sociedad organizada en bloque, unificada por una gran idea religiosa. Excuso decir que este concepto está al margen de toda cronología y es, sencillamente, una filiación libre del fenómeno histórico. El Greco trata sus temas a la manera gótica y bizantina, dando entrada a los elementos primitivos que no comprendía Felipe II, sumergido en la pintura flamenca e italiana de entonces. Cuando el Rey rechaza el *Martirio de san Mauricio,* extiende al pintor cretense un pasaporte de inmortalidad puesto que le culpa de no aceptar una expresión de época, un academicismo que existe en todos los grandes momentos para la pintura. El pintor académico es el que se enrola en un tipo de pintura común y no es capaz de dejar en el lienzo un modo peculiar de interpretación.

Lo maravilloso de El Greco es que supo fusionar naturalismo y espiritualismo con la plasticidad del color, el movimiento de las formas y la composición de las escenas.

Como dice Waldo Frank[45], «El Greco proyecta un mundo que está más allá de los elementos dinámicos». No así Velázquez, que se concreta a un objetivismo estricto, muy moderno si se quiere, pero de menor alcance en las

---

45   Waldo Frank (1889-1967). Escritor norteamericano. Seguidor del movimiento Trascendentalista que se organiza en torno a Emerson, desarrolló una intensa labor de divulgación de sus ideas en conferencias y artículos publicados en Latinoamérica y Europa. Su libro *España virgen. Escenas del drama espiritual de un gran pueblo,* traducido para Revista de Occidente en 1927 por el poeta León Felipe constituye un «historia sinfónica» que se deja guiar por el regeneracionista Ángel Ganivet y trata de integrar el carácter, el instinto y la historia. Muy valorado por izquierdistas como Mariátegui y el propio Díaz Fernández, sus resultados son sumamente espiritualistas e idealizadores. La cita es de su *España Virgen.* Buenos Aires: Losada, 1958, p. 171.

aspiraciones del arte. El Greco sirve a la sociedad de su tiempo, al Toledo católico y tradicional; pero su obra traspasa los límites conocidos entonces, porque su actitud ante la vida que le rodea es, sencillamente, personal. En él se adivina mejor que en nadie el culto de la forma pura. Espíritu profundamente religioso, estaba por encima de los ritualismos católicos del medio donde pintaba y por eso su expresión tiene los clamores legendarios de los primeros cristianos. He aquí cómo un artista, sin desvincularse de la sociedad donde se produce, sabe enaltecerle la conciencia, ponerla en contacto con pensamientos superiores. El misticismo de El Greco no se reduce a los asuntos que interpreta, sino que aparece en todos sus elementos expresivos. Su enlace con el expresionismo de hoy está en eso. Ésta es la causa de que Cézanne, precursor del arte nuevo, admirase a El Greco más que a ningún otro pintor. El primitivismo bizantino y gótico del artista oriental, también lo siente Cézanne intensamente, puesto que retorna a las formas puras, primarias, y les da, con místico deliquio, una interpretación actual.

Obsérvese que mas allá de lo anecdótico en El Greco está lo esencial, lo abstracto. Lo anecdótico era la vida española del siglo; lo esencial es lo humano de todos los tiempos, la bestia y el ángel que se simbolizan en el espiritualismo y el naturalismo. Un espíritu tan idealista como el de El Greco tenía que resolver con temas religiosos ese problema específicamente humano. Pero lo que tratamos de señalar es cómo el temperamento del pintor extravasa las fórmulas en boga. En aquel instante, la sociedad era el Estado y el Estado era el rey, que no sólo Luis XVI tuvo esa concepción del poder político. Los pintores estaban al servicio de ese poder personal y atávico. Y, sin embargo, un artista, por el prodigio de su temperamento, rompe la unidad social y se coloca a tres siglos de distancia. Pero siempre atendiendo al espectáculo de la vida circundante. Dice Mauricio Barres que «El Greco no descubre su genio hasta que comienza a pintar a los nobles de Castilla»[46]. Y agrega que su camino artístico fue «expresar de una manera realista los espasmos de la vida del alma»[47]. «Delante del sublime modelo que le sobrecoge –dice también Barrès–, delante del alma castellana, El Greco olvida sus habilidades y se hace una retina nueva, una mano de niño, una conciencia de primitivo. [...] En medio de una tendencia general al énfasis, un pensamiento desnudo se nos aparece [...]. Un arte así pudiera parecernos un poco torpe y un poco inconsistente si no contase con su estado de espasmo para sorprendernos y para reanimarnos»[48].

En efecto, El Greco trabaja su obra como un moderno; conoce todas las fórmulas por lecciones del Tintoretto; pero las supera por cálculo que tiene mucho de intelectual. Las supera, si se nos permiten las palabras, con frialdad y serenidad. Siendo un hombre de vida interior es un objetivista en el orden de la expresión. Ya veremos más adelante cómo este atributo es también el del artista actual.

El Greco representa, pues, la «personalidad» en el ámbito de una sociedad organizada alrededor de la idea de catolicismo. Goya, el otro genio, significa la «individualidad». Hasta Goya, la pintura está adscrita al organismo del Estado o de la nación y significa un matiz del concepto político. Dígase lo que se quiera, hasta Goya predomi-

---

46 Maurice Barrès.- *El Greco o el secreto de Toledo*. Madrid: Renacimiento, 1914, p. 68.
47 *Ibid.*, p. 69.
48 *Ibid.*, p. 174-175.

na el medievalismo, y los artistas e intelectuales, cuando no son nobles, son criados de los nobles, servidores de reyes, cardenales o duques. La obra de arte está en realidad sometida a estos poderes dogmáticos. Es cierto que el brazo secular repartía prebendas y protegía las artes; pero no es menos exacto que a éstas las regía el espíritu de tales *mecenas* para cuyo halago y esparcimiento creaban los artistas. El pintor de cámara era el puesto ambicionado por los artistas plásticos. Goya lo fue; pero deja de serlo en el momento en que su obra empieza a ser genial.

Es preciso consignar esto, de sobra sabido de todos, para fijar el alcance de la obra de Goya en relación con el arte de hoy. Goya es todo el siglo XIX, es el que anticipa el siglo XIX, el que lo intuye mejor que el enciclopedismo. Predominaba en su tiempo la tendencia clasicista del arte; él mismo fue discípulo de Mengs y pintor de cámara de Carlos IV. Pero así como Velázquez inscribió su pintura en el movimiento político de Felipe IV y creó un realismo que sólo se enriquece con la ironía, Goya forjó la gran libertad de la pintura, el enérgico individualismo del artista respecto a su tiempo. La «personalidad» de El Greco está con el pintor aragonés transformada en individualidad independiente, en sentido crítico. Goya desglosa la pintura de la burocracia política y la valoriza de nuevo puesto que le concede autonomía social. Si la Revolución francesa conquistó los «derechos del hombre», Goya alcanzó los derechos del artista. Su modernidad radica en ese gesto vigoroso sin el cual no hubieran existido los conceptos fundamentales del arte nuevo. No nos importa para este razonamiento lo que hay de ética en su pintura, sino lo que hay de rebeldía contra los métodos acomodaticios del arte, lo que hay de afirmación humana en su obra. No es lo mismo pintar para una sociedad que pintar una sociedad. Hasta Goya todos los pintores, incluso El Greco, habían ejecutado su obra con cierta sumisión al ambiente. Goya es espectador y protagonista de su tiempo, lo mismo que el artista moderno que posee una voluntad creadora desplazada de la voluntad general. Ahí se encuentra el poder profético del arte de Goya.

Este humanismo de Goya, corolario de su individualismo, nos permite trabarlo en este trabajo con el espiritualismo exacto de El Greco. La mezcla de estas dos tendencias nos dará un precipitado moderno: el artista puro, avecindado en su tiempo. Entiéndase bien: en su tiempo, no en la sociedad de su tiempo que aún está formándose, acoplándose, estructurándose entre atroces titubeos.

III. Tres tendencias

El arte actual se nos aparece con tres tendencias diferentes que, según Franz Roh, tienen fundamentos comunes, aunque a primera vista parezcan contradecirse entre sí: son el impresionismo, el expresionismo y el post impresionismo. El crítico alemán sostiene que «forman un frente único contra la reproducción extrínseca del mundo»[49]. El impresionismo no habría existido sin Goya, de donde extrajo Manet el furor demoníaco de las formas, además de la independencia de las ideas plásticas. Ni sin El Gre-

---

49 Franz Roh.- *Realismo mágico, post expresionismo: Problemas de la pintura europea más reciente*. Madrid: Biblioteca de la Revista de Occidente, 1927, p. 25.

co, donde está la espiritualización de la luz. Al impresionismo, más que las cosas en sí, le interesa su cromatismo, su sensualidad expresiva, su fluido colorista, su vapor temático. La naturaleza aparece transformada por la versión de los artistas que se entregan con frenético brío a la libertad ganada por el arte. Ese torbellino seductor, llevado a sus últimas consecuencias, más que heredero del naturalismo del siglo XIX parece que augura toda la fiebre social que se acumuló sobre el mundo antes de la guerra y que se descargó en ella como una tempestad registrada insistentemente por el arte.

En el impresionismo predomina la inquietud, la avidez explosiva llevada a los últimos términos. No es otra cosa todo el siglo XIX, que disfruta con el mismo ímpetu de la filosofía, de la ciencia aplicada, de la literatura, hasta de las normas jurídicas. Y, sin embargo, en el orden plástico no se trata de un romanticismo propiamente dicho, puesto que la pintura no es puramente subjetiva, sino que la pasión cristaliza en las formas, o por mejor decir en el espacio, en la atmósfera, cualidad máxima en el cuadro impresionista. ¿Será lícito pensar que también el impresionismo se adelanta a su propio momento y proyecta su profecía sobre los diez primeros años del siglo XX?

Obsérvese cómo, entre aquel clamor de la materia pictórica, surge el pintor del equilibrio: Cézanne. Cézanne retorna a las formas puras, al primitivismo plástico, a la expresión primeriza, a la ejecución acabada y armoniosa del objeto. Su admiración por El Greco se comprende muy bien cuando sorprendemos al pintor cretense dando entrada en sus cuadros a elementos góticos y bizantinos. Cézanne reacciona contra el Renacimiento y el naturalismo, convertidos en pintura académica por la acción del tiempo implacable. El precursor del expresionismo y en general del movimiento artístico moderno es el primer vislumbre de un mundo distante que iba a organizarse entre estertores dolorosos. Entre la agitación y la tensión de un arte enfebrecido está la voz segura, certera, inagotable, persistente de Cézanne. Cuando en 1890, Van Gogh y Gauguin lanzan su manifiesto expresionista y con él el alarido creador de un estilo moderno, Cézanne ya había trazado el diseño de una época.

El advenimiento de Picasso, con el cubismo, supone la revalorización de la forma, o mejor dicho, la revisión de las normas plásticas elementales. El cubismo descompone los cuerpos y se ciñe a la abstracción intelectual precisamente para recomponer y asegurar los fines puros del arte plástico. El cubismo, con la maravillosa independencia que había conseguido ya la pintura, se atiene al esquema y a la síntesis, que no son la primera etapa de una creación de arte, sino precisamente la última, la totalización del esfuerzo, la vivificación del empeño total. Un cubista se parece a un clásico en que consigue igual resultado con un proceso de creación absolutamente distinto. No en vano la obra humana se enriquece cada día.

Alguien pudiera entender que el cubismo es escuela de transición, cuando lo que significa es la vinculación del estilo del hombre moderno. Estilización –lo dijo Ortega y Gasset– que es síntesis. La síntesis es el estilo de nuestra época. Sin el cubismo no sería posible el «constructivismo», que es la fusión en una sola expresión de la pintura, la estructura y la arquitectura. No sería posible el post-expresionismo con su «verismo», que vuelve al sentimiento del objeto, estilo, al parecer, de un sistema social ya inminente. Utilizo a Franz Roh para definir con claridad esta tendencia: «Cuando veo varias manzanas sobre una mesa, recibo (aún sin salirme del plano de la intuición estética) una sensación sumamente compleja. No solamente me atrae el hálito de los exquisitos colores, en que se solazaba el impresionismo; ni tampoco me atrae exclusivamente el variado esquema de las formas esféricas, coloreadas y deformadas, que cautivaba al expresionismo. Sojúzgame una amalgama mucho más amplia de colores, formas espaciales, representaciones táctiles, recuerdos del olfato y del paladar; en suma, un complejo verdaderamente inagotable que comprendemos bajo el concepto de <cosa>. Ahora bien, es preciso reconocer que sólo después de haberse hecho abstracto el arte, pudo reflorecer el sentimiento del objeto, que por doquiera venía arrastrado como un colgajo vago, vacuo e inconsistente. Sólo entonces pudo volver a construir una emoción fundamental y exigir la representación correspondiente»[50].

Se trata, pues, de una vuelta a la realidad; una vuelta a la Naturaleza, podríamos decir si la frase no nos trasladase a la doctrina rousseauniana. El expresionismo insistía aún en el lirismo exaltado y la introspección por un lado, y por otro en la dinámica y la calidez de la interpretación. Por eso había en él tantos asuntos religiosos. Aún quedaba bastante de aquel tumulto impresionista que quería retener en puro color a la vida transeúnte. Pero en el arte de ahora vuelven a recobrarse los elementos naturales

---

50   En *Realismo mágico y post-expresionismo*. Madrid: Biblioteca de la Revista de Occidente, 1927, pp. 39-40.

que habían sido escamoteados con una genial combinación por los Carrá o los Severini[51]. La furia mecánica, el asombro que había producido en el hombre moderno este agitado desenvolvimiento del destino humano, cautivó a los artistas que aún en sus intuiciones no pudieron desviarse del dinamismo y el estrépito. Las etapas que sufre Picasso en su arte son el ejemplo mejor de esta insistencia del arte joven en encontrar la expresión adecuada de la época que tenían el deber de descubrir.

Y vieron que el secreto estaba delante de ellos, en las formas vivas que están, sin embargo, muertas, y es el arte el que puede crearlas otra vez para que perduren a través de la interpretación del artista. Obsérvese cómo esto nada tiene que ver con el realismo académico, ni con el naturalismo que se complacía en imitar lo mejor posible una fruta o una hortaliza. La Naturaleza ha de ser tratada por el post expresionismo sintetizando igualmente las formas reales y las intuiciones artísticas. Un ejercicio de equilibrio y de armonía, objetivando la escena y el ritmo interior. Todos los estilos pictóricos destilan su esencial rigor en esta pintura si acaso fría, pero eminentemente representativa y, por lo tanto, humana. Poco valdría la naturaleza sin la poesía, sin el toque mágico de la imaginación y del intelecto. La naturaleza sale al cuadro después de pasar por el laboratorio del pintor, donde las distintas emanaciones de la expresión concentraron la del espíritu contemporáneo.

Con cierta intención trágica que no depende de la anécdota, sino de la materia. Por debajo de toda esa quietud, de esa rigidez y de esa disciplina, una insinuación nos

---

51 Pintores futuristas, Carlo Carrá (1881-1966) y Gino Severini (1883-1966), firmaron en 1910 el manifiesto de la Pintura Futurista. Tras la Primera Guerra Mundial ambos artistas tomaron caminos diferentes: Carrá derivó hacia un modernismo, y Severini hacia una pintura sacra. Hacia los años treinta integraron en su obra una progresiva popularización de temas y motivos.

perturba, la misma que el hombre de mañana, el hombre duro, aclimatado, sereno, ha de tener en lo oscuro de su conciencia, en ese fondo virgen que no se alcanza por los caminos del sentimiento ni del pensamiento. Lo humano, propiamente dicho. Una vibración misteriosa, esencial, que se transmitirá de una época a otra sin variar más que en la representación. Véase un cuadro de Rousseau, «el aduanero»[52], a quien se considera precursor de esta tendencia. El varias veces citado Franz Roh lo describe así: «Se titula *Durmiente*. Paisaje lunar, calvo, muerto, en un desierto nocturno. Todo yace en inmóvil silencio; no verdece ninguna vegetación. En la mitad del lienzo, tendido, a la misma distancia por arriba, abajo y los costados, está, rigurosamente silueteado, un león monstruoso, que resalta *mítico* sobre la tierra, las aguas taciturnas y la refulgente lontananza de montañas. Recorta la desolada y fría superficie del cielo, traspasado por diminutas estrellas. Delante, en apretada proximidad, forzado a insólita posición de frente, casi ensamblado con el animal, el bloque al sesgo de una figura humana, que bajo la mirada del animal parece sumida en el sueño de la muerte. Aún más cerca, instrumentos solitarios, con brillo de esmalte frío; una mandolina infantilmente acostada junto al cuerpo; un cántaro abandonado que se alza solitario hacia el disco de la luna, que ilumina fríamente el conjunto. Todo el cuadro —y esto es lo portentoso— está, hasta en sus últimos rincones, cuajado en una única sustancia: una tiniebla nocturna, azul verdosa, con brillo de arena. Pero no volatizada en lirismo atmosférico, sino —y en esto reside el lirismo fabuloso del cuadro— cristalizada en el mundo de objetos

---

52 Henri Rousseau (1844-1910), llamado «El aduanero». Pintor autodidacta, uno de los artistas representativos de la estética naif. Transitó por el exotismo, el surrealismo y otras tendencias populares. El cuadro que se describe aquí es *La gitana dormida* (1897), que Díaz Fernández cita como *Durmiente*.

tangibles, bruñidos y recostados. El conjunto está tratado como madreperlas o vidrio. En el cuerpo fulvio[53] del león los planos son oscuros, nocturnales; pero en ellos, como en el lomo de las montañas lejanas, brilla la nevada claridad de la luna»[54].

He aquí una escena irreal –una escena, no un asunto– materializada mediante el objeto y la figura. Por un lado, elementos primitivos, ingenuos, de fantasía legendaria. Por otro, un paisaje verídico e inquietante, resuelto con solidez por el color y la atmósfera. Lo que hay de metálico en esa materia pictórica sólo puede darlo una mano de nuestros días acostumbrada a sujetar con pulso firme el movimiento mecanizado de las cosas.

---

53 *Fulvio*: del Latín *Fulvus*, de color amarillo rojizo o «leonado».
54 En *Realismo mágico y post-expresionismo*. Madrid: Biblioteca de la Revista de Occidente, 1927, pp. 133-134.

VII. Objetivos de una generación

I

Hay que insistir en la idea de que nuestra generación tiene un deber imperioso y explícito que cumplir. Pocas fechas en la historia habrán aparecido tan estimulantes para el hombre español como esta de 1930. Es el momento de liquidar un pasado que angustiosamente pesa sobre nuestro país, aunque éste siga sin enterarse de la abrumadora carga.

Porque nuestro problema no es de ayer, ni ha nacido en la dictadura o inmediatamente antes de la dictadura[55]. Nuestro problema tiene, incluso, su raíz mucho antes del 98, cuando hombres mesiánicos como Ganivet o Costa exhalaban sus gritos en el desierto espiritual de España. De algún tiempo a esta parte una colección de eruditos que quieren injertar sus ambiciones en el árbol fructuoso de la política han dado en decir que no ha sido una desgracia que en España no hubiese entrado la Reforma. Creen estos sabios de pacotilla, a quienes la ignorancia nacional ha facilitado ocasión de superar su ingénita mediocridad, que la Contrarreforma dio a nuestro país un perfil peculiar y

---

[55] En 1848 escribía Marx en sus artículos del *New York Tribune:* «A pesar de esas revueltas continuas no hubo en España, hasta el siglo presente, ninguna revolución seria». Y en aquel siglo tampoco, porque los pronunciamientos del siglo XIX no pueden considerarse como etapas de revolución, sino de «involución». La interpretación de Carlos Marx a nuestros movimientos políticos es, sin duda, la más sagaz y ejemplar. Demuestra cómo los famosos hombres de las Cortes de Cádiz y los posteriores hicieron de todo menos democracia. (Véase *La revolución española*, de Carlos Marx) [Nota del autor].

le ha ayudado a brillar con destello propio en el concierto del mundo. Exhiben entre otras vaguedades un supuesto florecimiento de la teología y de las artes y una caracterización original del pensamiento español que, al fin y al cabo, con relación al progreso de la cultura europea nos ha servido para bien poco. Pero lo cierto es que la Contrarreforma supuso en España el cierre de fronteras ideológicas y la imposibilidad de sembrar la primera semilla de la libertad de pensamiento. Desde entonces —es decir, desde siempre, hablando en relación con el mundo político— nuestro país vivió con el pecado original de la falta de libertades. El liberalismo moderno tiene bastante que ver con la lucha religiosa del siglo XVII y no es una casualidad que sea Inglaterra, cuna de la Reforma, la cuna del liberalismo político.

No entró en España la Reforma. Pero no entró tampoco la Revolución francesa. Una vez más quedaron los españoles al margen de ese magno movimiento que transformó en unos años la fisonomía de la sociedad humana y cerró con telón revolucionario el tenebroso escenario de la Edad Media. Nuestra revolución de septiembre[56] no fue tal revolución, ni la República española fue tal República. España seguía retrasada en el desenvolvimiento de las ideas; dijérase un pueblo infantil y menor de edad cuando los restantes entraban en plena posesión de sus derechos históricos. En vez de revolución hubo Restauración y en lugar de libertad constitucional una Constitución autocrática polarizada en el derecho divino de los reyes. Yo no sé por qué las gentes se extrañan tanto de que haya reyes que quieran ser absolutos si la raíz de su poder sigue siendo ab-

---

56 Se refiere a la de septiembre de 1868, también llamada como La Gloriosa, un levantamiento revolucionario que puso fin al reinado de Isabel II y que inició el periodo liberal denominado Sexenio Democrático.

solutista y los políticos colaborantes piensan que el pueblo debe estar siempre en segundo término.

La falta de libertades determinó la impenetrabilidad de la masa para la evolución de toda forma política. De este modo, el pueblo permaneció ajeno a las fluctuaciones del gobierno, no se entrenó en el ejercicio de ningún derecho, fue materia blanda para cualquier mano enérgica que quisiera tomar el poder. Alguien dirá que esto se ha dicho mil veces. Creo saludable repetirlo en ocasiones como ésta. Si el pueblo participó en contiendas políticas, dinásticas o antidinásticas, lo hizo como un esclavo que se mueve automáticamente, es decir, soportando su inercia interior. El caudillaje de dos caras, el clerical y el militar, utilizó a la muchedumbre inconsciente. Después de la tiránica beatería de Felipe II, se suceden las autocracias políticosexuales de los validos. Más tarde, al absolutismo de Fernando VII siguen las dictaduras militaristas que encarnan unas veces en los generales y otras en las propias instituciones.

Vemos, pues, que ninguna de las etapas de perfeccionamiento político que ha recorrido el mundo las ha recorrido España. A juicio del que esto escribe, la generación actual tiene el deber de obligar a nuestro país a que se coloque en la línea de los pueblos que han sabido forjar una civilización política. Pero no recorriendo con lentitud trechos políticos que ya quedan atrás. Los hombres de 1930 han presenciado la guerra europea, la caída de los imperialismos, el desarrollo próspero del socialismo, el triunfo de la máquina y del razonamiento lógico, la democratización de la vida en torno. ¿Podrán resignarse a que nada de esto rija en su país porque las viejas oligarquías, como esqueletos de elefantes, continúen en pie por la inercia y la indiferencia de una gran parte de la sociedad española?

Yo creo que no. Y creo, además, que la presente generación no encomendará esta obra al sufragio. El sufragio es instrumento de una política radicalmente distinta, la que hay que derrocar precisamente. Sólo podrá salvarnos una revolución, no sólo contra el régimen y el Estado, sino contra la actual sociedad española.

II

Creo que a todos los demócratas españoles nos convendría pensar un poco en los medios de adaptar a la política real, concreta, que habrá de ponerse en práctica de lo porvenir, nuestros postulados ideológicos. No parecerá a nadie exagerada la siguiente afirmación: en España, la política liberal no ha tenido nunca una aplicación eficaz y auténtica, porque los reaccionarios se apoyaron en ella para hacerse impunes en sus baluartes. Hace poco Luis de Zulueta transcribía una frase de Pidal a Azcárate: «Está usted perdido, amigo mío. Porque yo, con mis ideas, puedo quemarle a usted, y usted, en cambio, con las suyas, no puede hacerme nada». Exacta definición de un liberalismo cándido y humanitario cuyo fracaso sería criminal encubrir. El hombre de la extrema derecha no vacila en aniquilar al contrario en nombre de una doctrina que podrá ser todo lo equivocada que se quiera pero que se practica sin rebozo ni piedad desde el poder. De esta manera, la democracia, cuando creía realizadas sus mejores conquistas de la mano del liberalismo, se encontró de nuevo en medio del arroyo, más pobre y desvalida que nunca; ¿hemos de dejarla de nuevo expuesta a los peligros de la tolerancia liberal, maniatada por las mil ligaduras de una política transigente y templada que la mayor parte de las veces sólo envolvía pequeñas ambiciones caciquiles? Yo no quiero ofender a nuestros viejos liberales, víctimas, sin duda, de ingenuos escrúpulos y de honradas convicciones ideológicas. Pero no puedo menos de echarles en cara su desconocimiento absoluto del medio español, sus flaquezas legislativas, que les llevaron a gobernar siempre al dictado de los poderes tradicionales, arraigados de tal manera en la vida del país que todas las situaciones, por avanzadas que fuesen, les eran propicias. Yo no comprendo al señor Moret confeccionando la ley de jurisdicciones ni al señor Lerroux pidiendo en las Cortes el aumento de los haberes del clero. Tal conducta fue la que llevó al pueblo a la desconfianza, al escepticismo y al desaliento.

Frente al conservador español el tolerante liberal no hará nunca más que el ridículo. Nuestros reaccionarios son terriblemente cerriles, ferozmente sectarios. Oponer a su implacable proceder político una actitud indulgente, hasta el punto de hacerles partícipes en la oposición de cualquier actividad gubernamental, es una conducta simplemente suicida. Por eso se impone cada vez más la revisión de ciertos postulados liberales que han dejado de servir a los intereses democráticos. Es preciso revestir de tal fortaleza a nuestros ideales de renovación política que no quede un hueco ni una rendija por donde el enemigo pueda herirnos.

Ya sé que estas recomendaciones de intolerancia han de ser juzgadas por algunos como una herejía doctrinal. Pero hay que responderles: «Ved la obra de vuestro liberalismo. Si los jóvenes de hoy consentimos que cuando el poder está en nuestras manos el pueblo se aparte de nosotros con el mismo desprecio y la misma angustia con que os ha abandonado, bien podemos decir que hemos hecho traición a nuestras convicciones y no hemos escuchado la voz de nuestro tiempo». Porque, en último termino, toda la política puramente liberal no representa nada si no tiende a organizar la sociedad humana sobre una base de mayor perfección. El liberal de hoy no puede hablar de libertad de enseñanza y dejar que continúen gravitando sobre el niño las coacciones del fanatismo religioso que no vienen sólo de la escuela, sino del ambiente. No puede hablar de libertad jurídica mientras consiente que la falta de libertad económica haga desiguales por la ley de la oferta y la demanda al potentado y al trabajador.

Porque al mismo tiempo que evoluciona el liberalismo evoluciona el concepto de democracia. Una democracia no es ya la ciudad entera, variada y compacta como un mosaico, que imaginara Rousseau. Una democracia es el pueblo activo y productor, compuesto por los ciudadanos que trabajan y que por ese hecho de carácter vital y social gozan de la facultad de gobernarse a sí mismos. Nadie puede defender al vago ni al parásito, aunque por el milagro de los derechos del hombre ambos se sientan en soberbia posesión de los derechos individuales. Y hablo del parasitismo social, no refiriéndome precisamente al hombre que a causa de una educación deficiente, o por consecuencia de una defectuosa estructura del Estado, no rinde el fruto necesario a la colectividad. Me fijo con preferencia en el parásito de otro orden, en ciertos profesionales que no acrecen el acervo común, en los que por atávicas leyes de herencia se nutren del trabajo de los demás. La obra que se le encomienda con más urgencia al hombre de hoy es la de transformar las actividades individuales. La mayoría de nuestros jóvenes universitarios se inclinan al burocratismo, a las profesiones que pudiéramos llamar sedentarias. Se precisa desplazar a la juventud hacia ocupaciones de actividad productora que vayan ampliando las posibilidades del país y no lo inmovilicen bajo el peso de la empleomanía.

Cuando se habla de nuevos sistemas políticos, se piensa que bastarían por sí mismos para asegurar la transformación de la vida nacional. Pero nadie se ocupa de fijar los medios para defenderlos de los asaltos audaces de la reacción. No obstante, es la labor que no puede dejarse para después. Hay que rodear las ideas democráticas de una barbacana de autoridad que impida los ataques consuetudinarios de los que hoy todavía son fuertes. No nos basta, por ejemplo, tener un Parlamento; hay que tener un Parlamento que exprese la realidad democrática del país y que no actúe bajo las presiones de ningún interés, de ninguna institución que no tengan un origen netamente popular. Y conste que el Parlamento no es más que el embrión del verdadero cuerpo deliberante de la nueva democracia: el Sindicato.

Otro género de renovación política puede interesarles a los que, llamándose liberales, desean que la vida y la historia permanezcan encerradas en unas cuantas abstracciones jurídicas. Deseo vano e insensato, puesto que la vida y la historia no son más que una constante, dramática y avasalladora corriente hacia el futuro.

Veamos, por ejemplo, lo que ocurre con el voto femenino. El voto femenino basta por sí solo para modificar el mapa político de España y dar al país, no sólo una estructura distinta, sino un pensamiento diferente, una naturaleza nueva. Esto, enunciado así, parece la panacea salvadora. Desde hace muchos años venimos oyendo la afirmación de que España no podrá entrar francamente en el período de las transformaciones sustanciales mientras no sufra una reforma electoral que la afecte integralmente y que sea capaz de ponerla en marcha. Para muchos, incluso para los hombres de la izquierda, los males políticos de España procedían de su inhibición política, que unas veces cristalizaba en la venta del voto y otras en la abstención del ciudadano. Pues bien: con la concesión del voto a las mujeres no se llegaría, sin duda, a la movilización del censo masculino, pero cambiaría totalmente el panorama electoral de España.

Yo no digo que la reforma, en el puro plano de las teorías, no sea una reforma liberal. Pero afirmo que puesta en práctica en España, en la realidad política de España, es una medida de resultados reaccionarios. Una vez más tenemos enfrente la enorme paradoja que preside la vida pública española. Amarrados a ella venimos debatiéndonos a lo largo del siglo XIX, hasta penetrar en el XX, donde tantas fórmulas políticas han zozobrado. Europa entera ha visto en ejecución durante ese período las ideas fundamentales de la Revolución francesa: los derechos del hombre, el sufragio universal, la enseñanza libre, el laicismo. Europa entera, con la sola excepción de España. La Constitución de Cádiz, la más avanzada, nació con el pecado original de la intolerancia. La que después elaboró Cánovas fue aún más pacata y conservadora; así y todo, los políticos posteriores la suspendieron, la mutilaron y se sirvieron de ella con la más bochornosa de las impudicias. Puede decirse que no rigió jamás y que se hizo ya con el propósito de que nunca tuviese validez ni fuerza como no fuera para servir los intereses de la Monarquía. España, pues, vivió su vida política con un siglo de retraso y sobre sus problemas no se ensayó jamás el sistema de las democracias. La paradoja no puede ser más sorprendente; mientras se ejercía en todo el mundo la política liberal, en España, en la intimidad de la nación española, perduraba el medievalismo.

Este fenómeno, de facilísima filiación, impide que la idea de los derechos haya penetrado en las capas últimas del pueblo. Ahora es cuando el hombre español empieza a darse cuenta de que tiene ciertos derechos en relación con el Estado y de que el Estado se los otorga o se los cercena según actúen sus órganos políticos. Ahora, precisamente después de haber recorrido trechos políticos dolorosos, es cuando el hombre español empieza a comprender las ventajas que le reportan las instituciones democráticas. Pero al hablar del hombre español, no puede hablarse de la mujer española. Al hombre español puede entregársele el sufragio, la libertad de enseñanza, el Parlamento, todas las instituciones que emanen de la voluntad popular a condición de orientarlo de antemano, y sin que esto signifique su salvación política. Pero a las mujeres no puede entregárseles ni siquiera esto. No puede entregárseles por la sencilla razón de que no sabrían hacer uso de ello, porque constituyen esa última capa popular donde no ha penetrado la conciencia política europea.

Me parece que no es la hora de la galantería. Por lo tanto, si existen en nuestro país mujeres de excepción, mujeres que confirman la regla, a quienes pudiera confiárseles el precioso encargo de gobernarse políticamente, sabrán darse cuenta de la exactitud y de la intención de estas afirmaciones. El retraso político de España se explica precisamente por su retraso cultural, porque después de algunos siglos de unidad religiosa muy pocas personas lograron la suficiente independencia de espíritu que les permitiese actuar por convicciones avanzadas. Fue la mujer quien más duramente ha sufrido esta tenaz influencia, fruto del medio y de la educación, del temperamento y de las costumbres. El hombre español hubo de reducirla a un simple concepto de domesticidad, esclavizándola en el reducto de la familia; cerrándole todos los caminos de emancipación y dejándole libre uno tan sólo: el camino de la fe religiosa. El analfabetismo de las mujeres rurales es tan evidente como el analfabetismo ilustrado de la «señorita» cuyos conocimientos no van más allá del francés y de la costura. En España se ha defendido muchas veces la ignorancia femenina con los mismos argumentos que se utilizan para defender el pudor. Para ciertos padres y ciertos maridos el diablo acecha detrás de la cultura.

A esta situación innegable en que se encuentra la mujer española han contribuido, sin duda, las mismas causas que hicieron infecundas las modificaciones de orden jurídico aceptadas en todos los países. Yo no creo en la atrevida afirmación de Schopenhauer de que «las mujeres son toda su vida niños grandes». Concediéndoles una jerarquía de colaboradoras en la vida social, acepto su participación en ella en otra medida que pueda tenerla el hombre. Pero discrepo de cuantos piensan que la mujer posee en la actualidad conciencia política para dirigir los negocios públicos. El hombre español no ha sabido interesarla en problemas ideales, ni compartir con ella aspiraciones de orden político. Tremendo error que todos hemos de tocar en plazo más o menos largo. La mujer necesitaba una actividad espiritual que no fuese la del amor y hubo de buscarla donde se le ofrecía más próxima y hacedera: en el sentimiento religioso que se le facilitaba sin esfuerzo. España es un pueblo de mujeres católicas.

He aquí la paradoja. Una ley que con arreglo a postulados puros es una ley liberal se convierte en instrumento reaccionario como consecuencia de la historia política de nuestro país. Las derechas saben que el saldo electoral del feminismo les es tan favorable en España como adverso en Inglaterra, porque en Inglaterra es viejo el ejercicio de la democracia. Por eso no dejan de simpatizar con el voto de la mujer y lo alientan con el mismo ardor con que se oponen a otras reformas de carácter menos radical. Nuestras derechas son duchas en práctica política. Tan duchas como ingenuo y tímido el liberalismo que tuvieron enfrente.

III

Conviene sondear el fondo de los tópicos políticos y colocarlos bajo la experimental de las ideas. Desde hace mucho tiempo el liberalismo español camina a ciegas en el laberinto de los problemas nacionales y por eso no puede afrontarlos con decisión e inteligencia. Muchos liberales dan, efectivamente, la sensación de que se orientan por el tacto, cuando lo primero que exige la política es perspectiva y largo horizonte. De este modo hemos podido observar que existiendo liberales en España eran gentes, en sus últimas consecuencias, reaccionarias. Reaccionarias por los intereses que servían, por su concepto arbitrario de los derechos individuales, y por la tibieza con que en determinado momento defendían los puntos sustanciales de un programa de renovación y avance.

Un ejemplo concreto de esta inversión ideológica es lo que se ha llamado la lucha contra el cacique. El cacique es siempre conservador y su psicología se singulariza por un desmedido afán de mando personal y antidemocrático. Es el cordón umbilical de un régimen que no descansa en la voluntad del pueblo sino en la preponderancia de las minorías oligárquicas. Éstas se colocaban la etiqueta liberal o la conservadora según soplasen los vientos de Madrid, es decir, según la alternativa del llamado turno de los partidos. El turno de los partidos, inventado por Cánovas para hacer de la vida nacional un impune monopolio del régimen, alcanzaba lo mismo a la vida de las provincias o los concejos. En Madrid gobernaba el cacique máximo; en la provincia, su apoderado, y en el distrito rural, el pequeño déspota, prestamista o terrateniente, que si disponía de las vidas y haciendas ¿cómo no iba a disponer de los votos? Por eso existía una organización faraónica, renovada por dinastías, cuyo poder era transmisible de padres a hijos, incluyendo las hembras, pues en España hemos llegado a conocer incluso el matriarcado caciquil.

Pero si hablo en pretérito no es porque el cacique haya desaparecido. Lo hago para referirme a una fecha concreta, la anterior a la dictadura. La dictadura habló del exterminio del caciquismo; pero en realidad vino a fortalecerlo, a facilitarle carta blanca para que siguiese expoliando al pueblo y sacrificándolo a sus fines privados. Hemos asistido entonces, en las zonas rurales, al impúdico espectáculo de una U.P.[57] nutrida de liberales o conservadores, gentes que se adherían a Primo de Rivera como se adhirieron antes a uno de los condes que heredaron a Sagasta o a Cánovas. Y ahora, a lo largo de varios años de insolvencia jurídica, esa misma U.P. se disuelve como por magia y sus componentes retoman a sus antiguos lares, a sus partidos turnantes, para seguir disfrutando del poder según el sistema de lenidad que han aprendido de sus jefes. Es decir, el caciquismo tiene montada su máquina como antaño y piensa que la opinión pública el cuerpo electoral ha de continuar sirviendo sus fines vergonzosos, en los cuales está la explicación de toda la decadencia española. Las nuevas promociones políticas han de tener en cuenta que la vasta organización caciquil es una consecuencia del régimen que encabeza nuestra vida pública. Porque es el caciquismo del senador vitalicio, del plutócrata del monopolio, del aristócrata del latifundio y del coto de caza, del

---

[57] Unión Patriótica. Partido fundado en 1924 por el dictador Miguel Primo de Rivera como modo de control político institucional y forma de «participación» sectaria de la ciudadanía en la dictadura. Para todo lo concerniente a esta organización, véase Eduardo González Calleja. *La España de Primo de Rivera*. Madrid: Alianza editorial, 2005.

funcionario de la prebenda y el peculado: resortes de una institución tradicional que no se ha identificado jamás con la verdadera democracia. El centralismo de que se quejan las regiones no sería tan coherente y repulsivo si no estuviera defendido en las propias provincias por el caciquismo dinástico que hace traición a su tierra y a su raza para entregarse al señorío de los de arriba. Lo primero que hay que decirle al campesino y al obrero es que una cartería, una carretera o un puente, concesiones de limosna que ofrece el candidato, no significan nada en relación con el expolio de todo género que un Estado de privilegio hace diariamente de los intereses rurales. El cacique echa unas migajas al distrito para que el distrito le ayude a conseguir con su inhibición los criminales negocios que se llevan a cabo al amparo del Poder central.

La condición mesiánica que caracteriza el temperamento español ha hecho circular en nuestro país el otro tópico de «los hombres nuevos». Es un argumento que se utiliza por unos y otros indistintamente para que cada grupo lo aplique, claro está conforme a su particular conveniencia. Los conservadores y los neutros exclaman cuando se les habla de posibles transformaciones políticas: «Pero ¡cómo vamos a fiarnos! ¡Si no hay hombres nuevos! ¡Si no aparecen los caudillos!». Los hombres de tendencia liberal dicen por su parte: «Es preciso buscar hombres nuevos; son los únicos que pueden tener las soluciones políticas que reclaman nuestros actuales problemas». Ambas argumentaciones en un terreno doctrinal pudieran tener cierta vigencia. Pero en el orden de las realidades políticas, que es a las que hay que atenerse, no hacen más que estorbar el camino de la acción. Y los momentos que vive España no son los más a propósito para dilucidar abstracciones y teorías. Hemos llegado al instante crítico de la acción. Por eso conviene salir al paso de las frases cómodas y actuar sobre hechos concretos, sobre causas vivas, sobre experiencias y posibilidades inminentes.

Como nuestra política sigue nutriéndose de los tópicos más elementales, se habla con la más desaforada insistencia de la división de las izquierdas, entendiendo, claro está, por izquierdas las que arrancan del republicanismo tradicional y llegan a los partidos obreros. Se dice que los republicanos están divididos, que en el socialismo se prepara el cisma, que los sindicalistas luchan entre el apoliticismo y la política, que los comunistas están sin hombres representativos. Los que hablan de este modo poseen una concepción política rudimentaria. Siguen creyendo en la masa indiferenciada e inconsciente, en la multitud como rebaño, en el censo como instrumento caciquil. Aspiran al mesianismo y al caudillaje, como en los primeros instantes de la democracia, cuando el jefe, el apóstol o el mesías llevaban detrás de sí a la muchedumbre fanática y ciega. Como si después de todas las experiencias que ha sufrido el Mundo pudiese la voluntad personal seguir sustituyendo a las ideas y continuasen rigiendo en política las panaceas redentoristas.

Cuando la democracia era nada más que un concepto, antes de que el hombre de la oficina, del comercio o del taller supiese lo que era la verdadera libertad y tuviese sentido de sus derechos «vitales» -es decir, sociales-, se comprende la existencia y hasta la necesidad del taumaturgo político. Los movimientos populares surgieron muchas veces al calor de una palabra encendida o de un carácter integral. Pero en este momento todo el mundo sabe lo que quiere, y el problema de izquierdas y derechas es tan explícito como la condición del terrateniente respecto al que trabaja la tierra o la del mecánico en relación con el propietario de la fábrica. Lo demás son ganas de confundir las cosas, o quizá algo más repudiable: la conformidad egoísta con el medio, el afán de seguir aceptando cobardemente la línea curva, que es la que acepta, desde siempre, la bien llamada clase neutra. El género de los ambiguos es el que en política pide la aparición de un mesías, como pudiera pedir la resurrección de la carne de bruces sobre el polvo de los esqueletos. Por eso, cuando estas gentes insinúan esa estúpida aspiración de un hombre para que les garantice el triunfo fácil, hay que apartarse de ellas y despreciarlas. No influyen en la política como colaboradores ni como enemigos, venden el voto o votan en blanco. Cuando las izquierdas tengan el Poder, habrán de encomendarles el papel inferior que les corresponde, o sea, el de «criados de la ciudadanía».

Nuestro país está cansado de caudillos y de jefes políticos que le condujeron al envilecimiento y a la decadencia.

Ya es hora de que la democracia empiece a ejercer de veras su función, sin sometimientos ni evasivas. Nuestra época es una época colectivista que repudia la servidumbre y la hegemonía personal, que no cree en los milagros ni en la infalibilidad de los faraones públicos. No confía más que en las ideas para resolver los problemas concretos que le salen al paso. Por eso todo partido o agrupación política puede elegir hombres circunstanciales que desempeñen los puestos directivos. Pero el último militante tendrá que realizar, dentro de la relatividad de su función, una obra de idéntico relieve y sus decisiones influirán del mismo modo en la minoría representativa. Las fuerzas nuevas que están llamadas a actuar en las izquierdas españolas tienen el deber de acabar con las jefaturas tradicionales, viciadas por la moderación y gastadas en la inercia, para imprimir en los grupos un ritmo acelerado y decidido. No necesitamos para nada a los «mascarones de proa» que hicieron un día delirar de esperanza a nuestros ingenuos antecesores. Basta que tengamos un programa definido y tajante contra la tradición y la plutocracia, que son «derechas» siempre, aunque se coloquen la desnaturalizada etiqueta del liberalismo. La democracia alemana, la francesa, la rusa -sí, sí, la democracia rusa- han tenido los hombres que les hicieron falta, y ninguno llevaba en el maletín electoral el específico para curar todos los males del país.

Lo importante no es que haya hombres nuevos, sino ideas nuevas. Claro está que sin hombres, sin ejecutores, no hay manera de poner en marcha ningún programa político por excelente que parezca y por mucho que responda a las aspiraciones momentáneas del cuerpo social. Pero la revelación de individualidades no puede ser cosa milagrosa y taumatúrgica. Precisamente uno de los males que vienen pesando sobre la vida pública española es la confianza desmedida en el caudillo, en el taumaturgo cuya palabra llega a veces a poseer un contenido mágico, indiscutible. Por el predominio del caudillo –llámese cacique, general, o jefe de partido– no hubo nunca en España verdadera democracia. Lo que hubo fue una exacerbación del individualismo y un desaforado crecimiento de la influencia personal que enflaqueció las organizaciones y engendró el despotismo del poder. El idealismo español es el más curioso y sorprendente de los idealismos. Las antiguas Cruzadas no le han dejado a nuestro país otra cosa que una terrible confianza en el azar, una fe casi estúpida en la previsión divina que se acomoda perfectamente a la inercia característica de nuestra vida nacional. Cuando un hombre siente el imperativo de la acción, emigra, porque su auge dinámico no se compadece con la típica inmovilidad del medio. Y cuando no emigra, se entrega a la tutela ultraterrena que ha de proveerle de políticos y de economistas para que le rijan y dirijan incluso en los trances críticos de su existencia.

Y es que vivimos de espaldas a lo positivo de las cosas sin lanzarnos tampoco detrás de las grandes idealidades. El sentido colectivista del mundo actual está imprimiéndole a la vida un ritmo distinto, una tónica diferente que alcanza antes que a nada a la política. La democracia de hoy no tiene necesidad de inscribirse bajo la garantía de un hombre, porque los problemas son tan concretos y rodean de tal modo a la muchedumbre que ésta se halla absolutamente sumergida en ellos. Por eso no hay que buscar individuos sino organizaciones, y de esas organizaciones es de donde han de extraerse las figuras más capaces para encauzar y acentuar la dirección de la lucha. Lo que interesa preferentemente es saturar de ideas el cuerpo social, hacerlo flexible y móvil por medio de la organización y de la propaganda. Los hombres nuevos están ahí, latentes, para corporizar las aspiraciones colectivas con un mandato muy condicionado y, si puede ser, circunstancial y efímero. Pero la transformación política superficial, puramente episódica, por lo que afecta al cambio de instituciones y costumbres públicas no representa siquiera la verdadera renovación de España. La renovación de España es una obra lenta y persistente aun desde el punto de vista revolucionario. Para cambiar la fisonomía del Estado no basta la buena voluntad de unos programas políticos ni el desinterés de unos hombres que contemplan con asco y con horror las equivocaciones, fracasos y anomalías de toda una centuria absolutista.

Habrá que pensar primero en la valoración espiritual de las nuevas generaciones. Menguada obra sería la nuestra si no pudiese ser completada por nuestros hijos, a los que entregaremos intactos muchos problemas políticos fundamentales. El defecto más grave de la vieja democracia española ha sido no dar importancia al problema de la educación. En los mítines, en la Prensa, en el Parlamento y las Academias se ha hablado reiteradamente de la necesidad de reformar la educación y se postulaba sin descanso la enseñanza libre. Pero estos mismos demócratas entregaban sus hijos a las escuelas confesionales y a las escuelas del Estado, donde los maestros estaban formados en el criterio dogmático, o coaccionados por un poder ortodoxo e intransigente. De esta manera disminuían en nuestro país las falanges izquierdistas y se retardaba la independencia mental de la juventud, que había de estar muy bien equilibrada intelectualmente para sobreponerse a las influencias del sectarismo pedagógico.

De lo cual se deduce que lo urgente es transformar la enseñanza superior para que cambien la primaria y la secundaria. La cultura integral de una nación es una pirámide cuya base tiene que afirmarse en el pueblo instruido. Antes que escuelas necesitamos maestros. Hace poco tiempo leía yo un acuerdo de los estudiantes universitarios representados por la F.U.E.[58], donde se planteaba, con la claridad a que nos tienen acostumbrados esos magníficos muchachos, el problema de la aptitud pedagógica. En el profesorado español hay un tanto por ciento crecidísimo de profesores ineptos que han convertido la universidad y las escuelas especiales en fábricas de profesionales empollones y de universitarios inútiles. Entre los textos con censura eclesiástica, la intolerancia y el cerrilismo de los padres de familia y la ineptitud de muchos profesores, generaciones enteras de españoles han creado un ambiente ignorante y fanático que emana de las mal llamadas clases superiores.

El lema de Costa «Escuela y despensa»[59] hay que cambiarlo por el de «Maestros y pan». Poco importa que existan muchas escuelas si están regentadas por la inercia y la incomprensión pedagógica. La dictadura creó no sé cuántos miles de escuelas y nadie se atreverá a demostrarme que el coeficiente educativo de España aumentó en los siete años de ilegalidad y de impunidad legislativa. Y es que el analfabetismo más dañino es el de las gentes pseudoilustradas. Mucho peor que la ignorancia de las clases populares es la educación de las clases media y burguesa,

---

58 La Federación Universitaria Escolar (FUE), organización de estudiantes creada en 1927, luchó por los intereses de los estudiantes y constituyó, hacia 1928, un lugar de politización y defensa de las libertades.

59 Capítulo XI del libro de Joaquín Costa *Maestro, escuela y patria (notas pedagógicas)*. Madrid: Biblioteca Costa, 1916.

que en nuestro país están casi siempre incapacitadas para comprender los nuevos modos de cultura y las inquietudes del hombre ante el futuro. La secular cerrazón española, la falta de curiosidad que existe aquí por lo que sucede en el mundo, proviene de esa enseñanza a medias, de esa educación anómala donde los mitos y las supersticiones sustituyen a la verdadera ciencia.

Nuestros hijos van a encontrarse, de un lado, con una cultura en liquidación; del otro, con una civilización que nace. Vienen a la vida entre escombros y luz. Nuestro deber no será sólo colocarles en medio de un país bien equipado frente al futuro. Será enseñarles a comprender que el hombre de mañana tiene un mandato superior al que nosotros hemos recibido de las flojas generaciones pasadas. El hombre de mañana va a cambiar de ideas, de gustos, de sensibilidad, de finalidades vitales. Para eso precisa una educación independiente e integral.

IV

Algunos de nuestros liberales se irritan cuando las plumas jóvenes postulan una revisión del liberalismo, una rectificación, más que de programas, de conductas. No se dan cuenta de que la libertad no puede ser una idea sentida en abstracto, sino una realidad puesta en marcha. El sentido realista que tienen de la política nuestras derechas ha vencido siempre al idealismo de nuestras izquierdas, que hasta por idealismo han vivido en continua colisión:

cuando peligraba el orden, el sagrado orden, las derechas sacaban las bayonetas a la calle y metían en presidio a los huelguistas. Cuando los liberales encontraban obstáculos para una reforma, presentaban la dimisión. El liberalismo siguió siendo, después de la guerra carlista, un ideario dinástico, sin contenido explícito, sin misión propia. Así se comprende que a través de sus etapas de gobierno, el sentimiento liberal no hubiese cuajado en el cuerpo político, que no valoró la libertad hasta después de perderla. Recordad las *Memorias* de Romanones, donde el conde confiesa sus debilidades ante la influencia de los obispos. Recordad los vergonzosos pactos electorales, donde las izquierdas de cualquier distrito se encontraban de pronto representadas por un candidato reaccionario, gracias a la combinación del jefe de Madrid. Recordad a los librepensadores, que votaban en las Cortes el aumento de los haberes al clero. Recordad ese liberalismo flaco, invertebrado, retórico, que sirvió tan bien a todos los intereses de las llamadas instituciones tradicionales.

Puede decirse que entre el liberalismo y el conservadurismo de los viejos políticos no existía, de hecho, ninguna discrepancia notable. Ideológicamente, acaso ostentasen algunas diferencias doctrinales, buenas para sutilizar las discusiones de los profesores de Derecho político. Pero todos coincidían en defender los privilegios de todo orden, desacreditar el parlamentarismo y hacer de la democracia una palabra sin fuerza y sin eco.

El nuevo liberalismo tiene un objetivo radicalmente opuesto a esa función conservadora de la política. Trata de poner a cubierto de todos los riesgos que ha venido sufriendo a lo largo de un siglo el concepto de la libertad integral. La libertad jurídica puede estar en suspenso durante plazos más o menos largos por un hecho de fuerza indeclinable, pero transitorio. La libertad económica, en cambio, el fin último del moderno liberalismo, sigue desvirtuando la acción individual. Porque el hombre no vive sólo de derechos escritos, y no hay problema en la vida contemporánea que no afecte al estado económico del ciudadano. En este sentido, el liberalismo económico del siglo XIX es una doctrina bien diferente al liberalismo económico del siglo XX. Y se explica, porque cuando Rousseau definió las relaciones entre el individuo y el Estado, el mundo llevaba todavía pegadas a sus flancos las sombras de la Edad Media.

Por eso el pensamiento político conservador, en adelante, ya no podrá disfrazarse de liberal. Las fronteras son bien explícitas. Ahora bien: se plantea al mismo tiempo un problema de táctica. La libertad de los viejos liberales pudo permitir en el mundo el recrudecimiento de los nacionalismos imperialistas. Pudo permitirlos, porque para aquéllos la libertad no era más que un medio, cuando, en realidad, la libertad es un fin para llegar a establecer, sin distingos, la justicia social. Los sistemas representativos eran, en esencia, liberales. En la práctica resultaban francamente conservadores, porque no servían a otra cosa que al interés tradicional. El pretendido descrédito del Parlamento, si existe, existe porque en el Parlamento predominaba una «antidemocracia», una plutocracia, una aristocracia, una yernocracia. La reacción seguía ocupando los órganos típicamente liberales. El paradójico absolutismo parlamentario -no hagan dengues los legistas de nuestras izquierdas- es tan vergonzoso como el anticonstitucional.

Cuando los reaccionarios de nuestro país quieren presumir de modernos se dedican a denigrar las instituciones políticas del siglo XIX y al siglo XIX mismo. Pero a esa centuria la combaten no por sus vicios sino por sus virtudes. Hay que ponerse en guardia cuando uno de estos derechistas presume de hombre moderno y asegura que los problemas del mundo actual superan las fórmulas jurídicas que consagró la Revolución francesa. Porque desde el punto de vista de un hombre que mira alternativamente al pasado y al futuro y toma también el pulso a la realidad contemporánea, puede que esas fórmulas resulten insuficientes. Pero jamás por las razones que aportan esos modernistas fraudulentos cuya preocupación es organizar el porvenir a base de una concepción medievalista de la vida. Ortega y Gasset contesta a esos fascistas sedicentes en su libro *La rebelión de las masas*, recusable, sin embargo, en otros puntos, con un argumento que no tiene revés: «No cabe duda de que es preciso superar el liberalismo del siglo XIX. Pero esto es justamente lo que no puede hacer quien, como el fascismo, se declara antiliberal. Porque eso —ser antiliberal o no liberal— es lo que hacía el hombre anterior al liberalismo. Y como ya una vez éste triunfó de aquél, repetirá su victoria innumerables veces o se acabará todo – liberalismo y antiliberalismo– en una destrucción de Europa. Hay una cronología vital inexorable. El liberalismo es en ella posterior al antiliberalismo, o lo que es lo mismo, es más vida que éste, como el cañón es más arma que la lanza»[60]. La cosa es clara. El liberalismo sig-

---

60   José Ortega y Gasset. *La rebelión de las masas.* Madrid: Alianza Editorial, 1997, p. 116 (primera edición en libro 1929).

nifica la libertad íntima del hombre consagrada en la ley. Antes de él el hombre era esclavo de una injusticia tradicional y consuetudinaria que se repetía por el mecanismo automático de la herencia. Nadie podrá negar que este gran paso de la civilización representa en el plano de las reacciones históricas el avance más firme hacia los ideales de la comunidad humana. Ahora bien, el error del liberalismo político ha sido querer encerrar la vida que crece y fluye sin tasa en un esquema ideológico susceptible de perfección y de enriquecimiento. La libertad interior del individuo significa mucho; pero no coloca al individuo como ente social, no lo valora con justicia en el orden de los valores vitales. La libertad integral del hombre se afirma y se completa en un tipo de libertad económica que no es la que postula el siglo XIX. Precisamente el hombre será realmente libre cuando con la transformación de las relaciones económicas se transforme incluso la moral social.

Ahora bien, sin ese punto de partida de la revolución liberal no habría sido posible afrontar los nuevos problemas que se suscitan día a día en la trayectoria de la existencia humana. Cuando los reaccionarios se declaran enemigos del Parlamento o del sufragio universal, no tratan de defender los plebiscitos sindicales ni la organización de la vida social sin monopolios ni jerarquías. Quieren un retorno a la etapa anterior al liberalismo, pues no otra cosa son los sueños imperialistas de todos los nacionalismos existentes. El liberalismo ha abierto su camino de comunión y de paz que se alarga hasta los dominios ideales de la fraternidad universal. Si los pueblos llamados liberales y las instituciones que en ellos funcionaban han podido fracasar en muchos momentos de la historia contemporánea —la guerra europea, por ejemplo—, no ha sido sino por la pervivencia del espíritu imperialista en Estados que, llamándose liberales, han consagrado una nueva autocracia capitalista. En cambio nuestros fascistas vestidos de teorizantes modernos se horrorizaban ante el libre pensamiento o ante la libertad económica de los hombres todos porque defienden sencillamente el privilegio en una clase cuya tendencia despótica ha heredado de la Edad Media el capitalismo moderno. La burguesía liberal, ante los avances del socialismo, se ha injertado ideas de dictadura y de absolutismo, a ver si de este modo alarga algunos años su predominio.

La política no es sólo un mecanismo de ideas puesto en juego para afrontar los problemas de un país y de una época. La política es, también, un despliegue de conductas, porque a los hombres hay que conocerlos por sus obras. La ética individual puede no tener importancia superlativa en genios políticos como Danton o Mirabeau, productos revolucionarios, eminentes cristalizaciones de la íntima transformación de un pueblo. Pero es esencial en la política cotidiana, en la política como técnica, cuyo objetivo más próximo es utilizar instituciones estabilizadas y vigentes. Obsérvese que, aun en los períodos revolucionarios culminantes, cuando está más alta la marea de la historia, las figuras íntegras son las que llevan la muchedumbre detrás de sí: Robespierre, Lenin. Y es que [si] la política no se siente en función de sacrificio, no ofrece ninguna virtualidad ejecutiva. Gorki cuenta cómo Lenin llegaba a prescindir de la música para evitar la invalidez sentimental.

En España, país de picaresca, los pícaros se acogieron habitualmente a la política. Esa larga teoría de validos que encontramos en toda la historia de España es el precedente directo del vasto caciquismo rural, que desde la corte se extendía hasta la más recóndita aldehuela. Organización intrincada de poderes personales que destruía la eficacia del sufragio e inmovilizaba la conciencia pública. Los homúnculos de nuestra política eran los enanos de Gulliver, maniatando al pueblo, impidiéndole toda voluntad de participación activa en sus propios destinos. Yo no digo que en el Estado español se registrasen mayores inmoralidades de orden económico que en otros Estados más adelantados y liberales (los Estados Unidos, por ejemplo, cuya política de escándalo sólo se concibe en el país plutocrático por antonomasia); pero la simonía y el peculado importan poco en relación con resultados más peligrosos. Por ejemplo: el desaliento que llegó a apoderarse de la muchedumbre hasta hacerla soportar sin protesta, y lo que es peor, sin escrúpulos, el régimen de dictaduras.

Lo primero que aquí se precisa para poner en marcha una nueva política es una escrupulosa revisión de conductas. Se está dando el caso de que gentes que de una manera u otra han colaborado en los seis años anticonstitucionales agitan ahora el banderín constitucional y pretenden encabezar movimientos renovadores. Hay otras que, denominándose liberales y dejando a salvo ese vago concepto de «los principios», no sólo han presenciado pacíficamente la fractura jurídica de España, sino que se han acercado al Poder anormal amparados en cargos y organismos que serán todo lo apolíticos que se quieran, pero que servían de apoyo y fortaleza a la dictadura. Existen también los participantes en organismos neutros, silenciosos, creados por iniciativa dictatorial, que, amparados en la penumbra burocrática, han aceptado sueldos, subvenciones y encargos de procedencia recusable. ¿Cómo pueden estos hombres intentar mezclarse con los que han conocido el destierro y los calabozos carcelarios, la necesidad económica y el desamparo civil? ¿Cómo es posible que la opinión pública confunda a unos y a otros y no distinga de entre la algarabía política las voces sinceras que han dado ejemplo de perseverancia y de rectitud?

Tan culpables de la Dictadura son los viejos políticos como los miembros de la U.P., como los sedicentes intelectuales que no se atrevieron a condenarla, como los que hicieron la oposición nominal sin definirla en actos concretos, como los que se entregaron a la vida fácil y tranquila cuando su posición y sus medios les permitían obstaculizarla y contradecir el régimen. Un inexcusable deber civil, de ética política, exige la depuración inmediata de actos y conductas para que la opinión pública sepa quiénes merecen, para el porvenir, su confianza y quiénes deben ser aniquilados o residenciados. «La organización de la decencia nacional»[61], de que habla Ortega y Gasset, sólo podrá llevarse a la realidad con esta obra inaplazable y previa. Tan inaplazable y tan previa como la revisión de los actos políticos y administrativos de la dictadura.

Porque, al parecer, de lo que se trata ahora es de continuar *la organización de la picardía nacional* por parte de conservadores y de liberales, de colaboracionistas y de seudoindependientes. Quieren que la funesta tradición de

---

61 Artículo publicado el 5 de febrero de 1930 en *El Sol*.

nuestra técnica política, olvidadiza de procedimientos y conductas, continúe rigiendo en las horas más graves y difíciles. Quieren liberales y conservadores, intelectuales y analfabetos, que continúe el intercambio de intereses y compromisos, el cruce de amistades y simpatías, la tolerancia, el pacto y la desvergüenza. Madrid, el abominable Madrid del caciquismo rural, se alarma cuando el país entero les reclama a los hombres públicos su documentación de procederes y actitudes. A la nueva generación política, que con contados hombres de otra época ha sido la única que dio el pecho de veras a las violencias desatadas, cumple exterminar a los pícaros y exaltar a los decentes.

Tiene razón, a mi juicio, Araquistáin[62] cuando señala a la familia como causa principal de los defectos de orden político que predominan en la sociedad española. Ningún núcleo tan doméstico y pasivo como el que escribió un día para la historia muchas páginas de aventura y azar. Dijérase que la civilización, que es refinamiento y jerarquía,

---

62 Luis Araquistáin (1886-1959), escritor, periodista y político socialista. Director de *Semanario España* entre 1915 y 1923, publicó en 1930 un importante ensayo titulado *El ocaso de un régimen*. La idea que cita Díaz Fernández procede de este libro, de su *España en el crisol* (1921) y vuelve a ella en el artículo «¡Hombres, hombres constituyentes!» en *Nueva España*, nº 10, 1930, p. 4., respuesta a una crítica de Azorín en su ensayo. A su vez, Díaz Fernández interviene en la «polémica» en p. 10 del mismo número. Antonio Rivera García ha resumido la misma: «Sin embargo, para Luis Araquistáin, las dos primeras décadas del nuevo siglo, y sobre todo la neutralidad durante la Primera Guerra Mundial, ponían de relieve la falta de carácter del español y la ausencia de una aristocracia moral capaz de gobernar el Estado. A esta degeneración, al hecho de que el mundo familiar sea el límite máximo de todas las inquietudes y anhelos, la llama en 1921 «domesticidad de los españoles». Se lamenta así porque en nuestro país la familia, lejos de preparar a sus miembros para ser grandes ciudadanos y grandes hombres, se convierte en una escuela de empequeñecimiento social; educa a sus hombres para «hacer carrera», «para servirse del bien público en provecho privado». La primera consecuencia de esta domesticidad, entre cuyas causas Araquistáin alude al catolicismo y la triste condición de la mujer española, es matar toda emoción o espíritu público. El periodista echa de este modo en falta la existencia de uno de los motivos fundamentales de la tradición republicana: el civismo o virtud pública». «Regeneracionismo, socialismo y escepticismo en Luis Araquistáin» en *Arbor*. CLXXXV 739 septiembre-octubre (2009) pp. 1019-1034.

actuó en él de manera totalmente adversa, reduciendo su ímpetu y sometiéndolo a un estado inferior de mansedumbre. Puede afirmarse que el español es un ejemplo de hombre domesticado. Así como en la evolución de las especies advertimos algunas que han perdido su acento primitivo para acomodarse a la vida pacífica de las comunidades humanas, del mismo modo la raza española parece haber eliminado sus viejas inquietudes, sustituyéndolas por una restricta inquietud egocéntrica que no rebasa casi nunca el pequeño circulo familiar.

A primera vista pudiera creerse que tal condición haría del español un hombre disciplinado, suave, fácil de encajar en los moldes políticos. Pero, por explicable paradoja, ese sentido doméstico es el que le hace más hirsuto e ingobernable. Porque si el libertinaje, por ejemplo, sólo se combate eficazmente con la práctica escrupulosa de la libertad, la colaboración social sólo se consigue con cierta inhibición del egoísmo individual. Lo corriente en el hombre doméstico –o domesticado– es que no atienda a otro imperativo vital que el de sus deberes para consigo mismo y para con los suyos. De esta manera se desentiende de toda obligación de tipo cotidiano y de todo interés que no represente un beneficio fácil, particular e inmediato. Por eso es tan abundante el número de españoles neutros que enseñan a sus hijos y preconizan ante sus relaciones el apartamiento de la vida pública. Estamos cansados de oír al padre de familia, que antes fue hijo de familia: «Porque yo, sabe usted, no me mezclo en política. Estoy tranquilo en mi casa, ocupándome de los míos». Actitud típicamente conservadora. Por falta de ejercicio político, el hombre neutro ignora que la justicia y la moral son jerarquías humanas; que el hombre lleva dentro de sí un mundo de problemas que se traducen en diferentes estímulos sociales.

Creo que fue a don Ramón del Valle Inclán a quien le oí decir una vez que ésta no era una tierra de Quijotes y que, si acaso, la imagen del español era Sancho Panza. Yo creo que ni siquiera Sancho Panza puede simbolizar al pueblo español medio. Porque Sancho era, en último termino, un «animal político» que ambicionaba el gobierno insular para ejercer su elemental concepción de la justicia. Cervantes, que por los desniveles de su existencia conocía bien la sociedad de su país y había ahondado en el carácter inalienable del español, quiso, sin duda, ejemplarizar a sus compatriotas con la escala de valores que establecen sus dos personajes. La cordura de Sancho está exenta de egolatría y de domesticidad. Su amo le contagia del sueño de justicia y el criado va detrás de él, abandona el hogar, no por la gloria y el amor, sino por la codicia o el salario. Pero abandona el hogar, pone en riesgo su hoy y su ayer. Sospecha que la vida no se estabiliza y que el futuro hay que crearlo con la voluntad y el esfuerzo desplegados hacia horizontes extralocales.

No; el hombre medio de España no tiene siquiera su equivalencia en Sancho Panza. Es un conservador que no tiene nada que conservar, como no sea la esclavitud económica y la indigencia moral. Lo que hace con su inercia y su indiferentismo es contribuir a que perduren y se fortalezcan las oligarquías y los intereses de una clase, la más inepta, la más desmoralizada de todas, que es la clase capitalista. Por eso a este hombre domesticado hay que implicarlo, contra su misma voluntad, en los grandes conflictos y las grandes violencias. Hay que sacudirlo y, si es preciso, ejecutarlo.

V

Eso de que los obreros no están capacitados para tomar parte en la dirección de la vida española es una argucia tan burda como todas las que inventa la ínfima mentalidad derechista. Hasta ahora la experiencia nos tiene demostrado lo contrario. Las escasas figuras proletarias que han participado, de un modo o de otro, en las funciones públicas, han dado pruebas de tanta serenidad, competencia y preparación como las mejores de las clases altas. A ver qué hombre político ha creado en este país, con su solo esfuerzo, una organización como la de Pablo Iglesias. A ver quién supera en idealidad, en tesón, en energía, en desinterés a los promotores del sindicalismo andaluz de principios de siglo. El proletariado ha hecho en nuestro país, luchando con el ambiente más rencoroso e indócil, una obra asombrosa. Logró abrir brecha en un capitalismo cerril y obligarlo a sancionar la legislación más avanzada, por lo que se refiere a jornada y horario. En medio de las violencias del Poder, la oposición de los neutros y la represalia de las llamadas clases de orden, los obreros han logrado, solos, organizarse, disciplinarse, instruirse. Instruirse, sí. Y yo aseguro que la ignorancia de los obreros es mil veces más fecunda que la repugnante cultura de la casi totalidad de nuestra burguesía. El peor analfabetismo es el de los letrados. Un trabajador español está en condiciones de apropiarse una educación y una sensibilidad de tipo moderno. En cambio, la instrucción habitual de las altas clases, esas que estudian con clérigos y curoides –que tanto abundan en nuestros centros de enseñanza–, les impide ya para siempre enfocar con libertad los problemas contemporáneos y situar la mente y el espíritu en el área de la cultura nueva. Preguntadles a nuestras clases superiores cuáles son los escritos preferidos, qué periódicos leen y qué arte prefieren; sus lecturas, si es que las tienen, serán siempre las más mediocres y sus aficiones serán casi trogloditicas.

Por eso todo progreso político entre nosotros ha de polarizarse preferentemente en los núcleos trabajadores. Los obreros saben que para desenvolver sus aspiraciones de clase dentro de la táctica de cada fracción se necesita como postulado previo una auténtica democracia. Una forma de gobierno popular, la República, supone, por lo menos, la ruptura con los privilegios tradicionales, la democratización de la enseñanza, la muerte de la oligarquía caciquil, el fin del monopolio privado, la garantía de los derechos del hombre y del trabajador, la transformación de las relaciones entre el Estado y el individuo que produce. Y una República que no inscribiese en su programa el mínimo de reformas que defienden las organizaciones obreras sería una república facciosa, sin arraigo en la conciencia popular, tan flaca y paralítica como aquella que se dejó morir en Sagunto[63]. Afortunadamente, las nuevas generaciones proyectan su obra hacia la línea de las soluciones socialis-

---

63 El 29 de diciembre de 1874, un pronunciamiento del general Martínez Campos en Sagunto a favor de la restauración en el trono de la monarquía, llevó al poder a Alfonso II, hijo de Isabel II, cerrando el proyecto de la Primera República proclamada el 11 de febrero de 1873.

tas y su conducta imprimirá al nuevo régimen la suficiente responsabilidad ideológica para que no se quede donde quieren dejarlo los faraones electoreros.

Los trabajadores españoles son en la política una fuerza pura, no contaminada de los vicios que provocaron nuestra decadencia. Su condición de víctimas de todos los regímenes los garantiza ante el porvenir español de una ética y una disciplina que no mejorarán las demás fuerzas de izquierda. Es indispensable acabar con el profesionalismo político y arrojar por la borda a los hombres de negocios, los cuales seguían siéndolo en el Parlamento y fuera de él. Tan pronto se le inyecte a la política una sustancia popular, que no viene sólo del voto, sino de la propia representación, caerá el complejo tinglado de intereses y codicias que hicieron posible un divorcio total entre el pueblo y los poderes del Estado. El injerto de las fuerzas obreras en la izquierda será, además, el único medio de afirmar un sistema republicano de gobierno donde la transigencia mal llamada liberal no pacte con el enemigo ni ponga en peligro a diario las garantías más elementales del trabajador. Cuando se trata de garantizar los fines de la democracia, no hay dualismo posible entre democracia y Parlamento. Pero, si lo hubiera, el Parlamento es lo de menos. Las izquierdas, antes que facilitar el triunfo derechista, es decir, antes de dar marcha atrás, deben ir en alianza con el proletariado. En línea recta hacia el futuro, que es lo que le importa sobre todo a una civilización que nace.

¿Y los escolares?

Quizás por la gallardía con que los estudiantes españoles actuaron frente a la dictadura, reivindicando para la juventud española los títulos que muchos políticos miopes le negaban, se ha enunciado la posibilidad de un partido universitario. ¿Un partido universitario? ¿Y qué es eso? El estudiante, como tal estudiante, no forma siquiera una clase; es, sí, un núcleo vivo, dinámico y cambiante de la vida social que influirá en ella tan pronto desaparezca su condición de escolar. Si el hecho de que los médicos o los ingenieros constituyeran un partido político con el solo propósito de defender programas profesionales constituiría un absurdo que sólo se concibe en momentos de inconsciencia pública, una agrupación sin otro lema que el universitario sería una especie de aurora boreal de las organizaciones políticas. En los seis años de dictadura hemos visto cosas peregrinas. Hemos visto a un partido apócrifo, la U.P., predicar sin réplica el apoliticismo y practicar la más ínfima y deleznable de las políticas. Hemos asistido a la taumaturgia de los técnicos, que ha traído la depreciación de la moneda y el enorme déficit presupuestario. Hemos visto cómo esos técnicos, sin otra aptitud que la de su especialidad, y muchas veces sin la aptitud de la especialidad, se agrupaban alrededor de un ingeniero erigido en ministro para aclamarle estadista de caminos, canales y puertos. El partido universitario, si alguien pensó en él, es una supervivencia del empirismo político dictatorial.

Porque los estudiantes están muy bien congregados en una asociación universitaria para vigilar los problemas íntimos de la universidad, influir en ella, defender sus derechos frente a las demasías del Estado, del Poder y del Claustro y realizar, en fin, esa especie de aprendizaje social, de actividad civil que han de desarrollar más tarde en la órbita de sus cargos, profesiones y empleos. Eso es la FUE, organización apolítica que si hubo de actuar corporativamente contra los excesos de la dictadura fue porque la dictadura atropelló los derechos y la dignidad escolar.

Pero la política es una función extrauniversitaria y un partido político sólo puede nutrirse de hombres que no se preocupen únicamente de sus problemas profesionales, sino de todas aquellas cuestiones que afectan al Estado y a la sociedad en que viven. Un partido político tiene un programa para transformar la universidad lo mismo que para transformar las leyes agrarias o las relaciones entre la industria y los trabajadores. Un partido es un repertorio de soluciones concretas en múltiples materias de la vida nacional. Es, o debía ser. Porque en España hemos conocido a los partidos sin programa que desde hace un siglo llevan el rótulo de «conservador» o «liberal», sin que sepamos bien qué conservan los conservadores ni qué liberalizan los liberales.

Ahora bien: si alguien aconsejara a los estudiantes que permanecieran adscritos a sus asociaciones profesionales sin intervenir ni militar de otra manera en la vida pública cometería un error tremendo e incurriría en una gravísima responsabilidad. Porque el estudiante es ciudadano y tiene el deber de participar de un modo activo y continuado en la dirección política de su país. Lo primero que hay que recabar es el voto a los veintiún años para que la participación política de la juventud sea efectivamente un hecho y para que entren en la caduca política española inyecciones de doctrinas y energías nuevas. El estudiante debe inscribirse en los *partidos políticos* para realizar una auténtica acción universitaria. Porque mientras no se reforme el Estado totalmente, de arriba abajo, no se reformará la universidad.

Que hay que reformarla y mucho, no sólo por lo que se refiere a su régimen interior, sino por sus relaciones con la cultura nacional. Mientras que la universidad sea monopolio de una clase y no tengan acceso a ella todas las vocaciones y todas las inteligencias, ser universitario no representa en muchas ocasiones más que una jerarquía de orden económico. Hay que eliminar esa jerarquía y crear las otras dos, únicos órganos de civilización; la jerarquía moral y la jerarquía intelectual. Como hay que transformar, si se quiere hacerla fecunda, esa cacareada cultura universitaria que no es cultura ni es nada, sino un conjunto de textos dogmáticos y de burdas interpretaciones científicas que a veces matan o paralizan los mejores talentos. La cultura de los empollones, de los incapaces y de los ineptos ha creado un tipo de español medio que es nuestra mayor y más abominable desgracia.

VI

Cuando yo escribo que España ha vivido, políticamente, con un siglo de retraso, no quiero dar a entender que deba seguir del mismo modo. Discrepo, pues, de los políticos republicanos, cuyo ideario se reduce a imitar de una manera mimética la democracia europea, que sólo permanece en pie por un milagro de estabilidad. Efectivamente, ¿qué es Europa a estas alturas del año 1930? Un contubernio de grandes intereses, para explotar al hombre que trabaja, al productor intelectual y obrero, sobre el cual se reproduce la esclavitud que viniera a destruir la Declaración de Derechos de la Revolución francesa. La burguesía forjó un régimen social en beneficio propio arrebatándole a la aristocracia el poder político. La libertad íntima del hombre, consagrada por Kant, fue consignada en la letra de la ley y puesta en circulación por medio de las instituciones llamadas liberales. El sufragio universal, el Parlamento, el régimen de mayorías, fueron los resortes por medio de los cuales la clase gobernante pudo afirmar su preponderancia social y organizar la vida con arreglo a un criterio absorbente y monopolizador. La burguesía se dio cuenta bien pronto de que los factores de orden moral significan mucho menos en la organización humana que los factores de orden económico. La justicia y el derecho estaban, pues, en la práctica jurídica subordinados a la determinación del más fuerte. Exactamente igual que en el siglo de Rolando, o de Carlos el Temerario. Poco le importa al hombre que se le conceda derecho a la educación y derecho al voto, si el trabajo corporal de muchas horas ha de impedirle acudir a instruirse y si tampoco podrá votar otro representante que el que le imponga aquel ciudadano que le facilita medios de subsistencia. Ni siquiera el trabajo es libre, puesto que el patrono elige a quien le parece.

 Esta farsa de los derechos políticos se complementa con la farsa del Parlamento y en general con la de todas las corporaciones análogas. Los Parlamentos son hechura de la clase gobernante y no representan en ningún momento la decantada soberanía popular de que hablan nuestros demócratas. Instrumentos de la plutocracia, que convierte los órganos del Estado en sucursales de los grandes «trusts»; corrompido, además, el poder legislativo por el frondoso burocratismo que coloca en la ley la trampa de la ilegalidad, los parlamentos han llegado a ser la antítesis de la función democrática. Puede decirse que el pueblo sólo se encuentra representado en la oposición extremista, que ve ponerse de acuerdo a todas las fracciones gubernamentales, tan pronto como está en discusión un proyecto que afecta a personas o entidades influyentes. El Parlamento se ha desnaturalizado, como se ha desnaturalizado la ideología llamada liberal, humanitaria y pacifista. Ni libertad, ni igualdad, ni fraternidad puede poner la Europa occidental del siglo XX al frente de sus banderas. Esa Europa constitucional y republicana hizo posible la guerra y prepara la próxima con un cinismo y una frialdad sólo concebible en los diplomáticos de Ginebra. Después del fiasco de los «doce puntos» se constituye una Sociedad de Naciones donde no se observa otra cosa que el sordo rumor de las codicias continentales. Se convoca una Conferencia del Desarme y cada delegado forcejea con la otra parte para que su país tenga más armamentos y quede en superioridad de condiciones respecto a los restantes. En China mueren ciegos y hambrientos los chinos, fusilados por la liberal Inglaterra; se persigue a los indios porque pretenden acogerse a los ordenamientos jurídicos que hacen felices a los burgueses británicos. Francia y Alemania compran y venden sus negros en el Congo y en el Camerún. La famosa civilización occidental tiene miles y miles de hombres sin trabajo; miles y miles de mujeres muriéndose en las explotaciones mineras, en las hilaturas y en las fábricas; miles y miles de niños que carecen de escuela y, lo que es peor, que nacen predestinados al salario mínimo y al esfuerzo agotador.

Entretanto, la burguesía aprovecha el progreso de la técnica -es decir, la obra del productor intelectual- para producir una especie de inflación del lujo y de la frivolidad. Ya no es el confort, ni el bienestar material, de los que por otra parte está alejada por falta de medios la clase que trabaja más continuada y angustiosamente, sino una exaltación del refinamiento y un desapoderado frenesí de vivir para el placer físico. No existen en las clases directoras de Occidente preocupaciones de orden espiritual que puedan enaltecer la existencia o consagrarla a fines superiores. La acumulación de dinero o de placer las ha hecho insensibles para los postulados de una nueva moral. El capitalista occidental tiene unos cuantos tópicos que le colecciona Briand en la Sociedad de Naciones o el articulista del *Figaro*, para que él pueda vivir tranquilo y fingir que siente preocupaciones morales. En arte, en política, en literatura, en sociología, impera el gran demonio de la mediocridad, hermano del demonio de la estupidez, según la leyenda china. Sin contar con la quiebra de la economía burguesa, Europa es hoy deudora de Norteamérica, que tampoco puede detener la caída del dólar.

Las aspiraciones vitales han excedido todas las posibilidades de las instituciones públicas. Y el descrédito de la técnica democrática ha determinado el retroceso de los instrumentos del Poder hasta recurrir a formas despóticas de gobierno personal, que se creían para siempre superadas. Pero están equivocados los que creen, por ejemplo, que el fascismo es un movimiento de abajo arriba, un movimiento proletario cuando lo que en realidad representa es la descomposición de toda la teoría democrática del siglo XIX. Se trata de un movimiento de los pequeños burgueses y de las clases medias. Por eso no prescinde de la Constitución ni del Parlamento, aunque estén denostados y desmoralizados hasta la degradación.

¿Y es una Europa así, sin resortes de autoridad, sin sentido del porvenir ni de la historia, con una cultura en decadencia, con una moral corrompida y un avispero imperialista en cada institución, la que quieren ofrecernos como ejemplo los políticos españoles? Eso sería tanto como mantener a España en el retraso de un siglo, sin otra razón para ello que el miedo insuperable a la justicia.

VII

Además, España ofrece caracteres especiales que la diferencian de las demás naciones europeas. No es que yo sostenga la inepcia de los enemigos del colectivismo que dicen: «Aquí no puede hacerse una revolución social, porque los españoles somos rabiosamente individualistas». ¡Qué estupidez! Si fuésemos tan rabiosamente individualistas habrían tenido efectividad en España las reformas liberales y el individuo habría actuado por su propio impulso imponiéndose a la organización feudalista de la vida española. El orgullo español, el señorío, que dice Keyserling[64], no tiene nada que ver con la individualidad social y política, que se rige por las condiciones económicas de cada hombre. Por lo tanto, el colectivismo tiene igual razón de ser en Rusia que en España, en Francia igual que en Alemania. No es un pleito de convivencia, sino un pleito de subsistencia.

Ahora bien: precisamente por tratarse de un pueblo sin cultura política y sin costumbre de ejercitar derechos civiles, los llamamientos y solicitudes que se le hacen en nombre de la libertad le dejan completamente indiferente. Aquellos que podrían comprenderlo, los obreros industriales, por haber recibido cierta educación sindical, saben que ese argumento de las libertades ciudadanas es una monserga de la generación anterior, que no sirvió para otra cosa que para desencadenar las guerras y los despotismos. Por esta razón, será preciso acudir al pueblo para movilizar la verdadera democracia, ofreciéndole las soluciones económico–jurídicas que exigen los problemas españoles. En el orden agrario, por ejemplo, no basta propugnar la solución de «la tierra para el que la trabaja». Claro está que tal reforma es una reforma previa que mientras no se lleve a cabo no se modificará la estructura del Estado español ni cambiará la existencia del agricultor. Habrá que facilitarle a éste medios para que trabaje la tierra cuando la tierra sea suya. Estos medios significarán al mismo tiempo la solución de otro problema de gran alcance: el de la emigración. La intervención del Estado en la vida agríco-

---

64 Hermann Keyserling (1880-1946), filósofo procedente de la alta aristocracia germana, proclamó el fin del militarismo europeo en favor de un sistema de resolución democrática de los conflictos. Promotor de una Escuela de la Sabiduría que funció entre 1920 y 1933, en 1928 Keyserling publicó su ensayo *Europa, análisis espectral de un continente*. Sus ensayos se alimentan de las ideas de Bergson, Simmel y Spengler.

la y su cooperación en la obra transformadora del campo español abriría el camino de la socialización de la tierra, eje del colectivismo agrario. Pero ¿es posible que los programas republicanos del aprovechamiento de la propiedad improductiva, del impuesto sobre la renta y demás soluciones de carácter conservador atraigan al campesino eficazmente si no representan una modificación radical de su economía? Poco importa que haya más fincas para trabajar si han de seguir subsistiendo los arrendamientos. Sucederá con esto como con las leyes desamortizadoras de las que dice Julio Senador[65] con excelente sentido: «Nuestro liberalismo desamortizador, ofrecido a la nación como doctrina emancipadora, era una simple parodia jacobina que ha convertido las ciudades en hordas de parias sin albergue propio y los pueblos en tribus sin suelo donde arraigar. Un país de familias sin casa, de braceros sin tierra y de propietarios absentistas es presa indefensa del primer jayán que se proponga sojuzgarlo; y apenas surja un candidato al despotismo, prometiendo «pan y circenses»[66], se le aclamará como aclamaba a sus tiranos la hambrienta y vil plebe romana, porque al cabo de cuarenta siglos nuestra constitución económica y la de entonces continúan siendo idénticas»[67].

El campo socializado y la socialización de las industrias son, claro está, ideales que no dependen de las recetas políticas, sino del esfuerzo revolucionario de los trabajadores. Si las llamadas izquierdas españolas no tuviesen

---

65 Julio Senador Gómez (1872-1962), notario y político regeneracionista. Sus ideas radicales constituyen una crítica del liberalismo español. Entre sus obras más importantes *Castilla en escombros* (1915) y *Los derechos del hombre y del hambre»* (1928). Senador publicó varios artículos en *Nueva España*.

66 Confusión de la expresión peyorativa latina «panem et circenses» por su traducción al castellano «pan y circo».

67 En *Los derechos del hombre y del hambre* aparece la idea que cita Díaz Fernández pero no con las mismas palabras.

como norma de su intervención en la vida pública la representación electoral y la influencia política, prestándose siempre a los más sórdidos colaboracionismos, se darían cuenta de que la única revolución posible sería la que tuviese estos objetivos. Para ello las izquierdas tendrían que establecer contacto íntimo con las fuerzas proletarias españolas, que son las únicas con *capacidad revolucionaria*. Y no asistiríamos a este deplorable espectáculo de los republicanos españoles, empeñados en hacer la revolución con la gente de orden, como si la gente de orden no estuviese dispuesta a garantizar su tranquilidad y sus privilegios en la institución monárquica. Los republicanos españoles quieren hacer una revolución doméstica: se conforman con echar del Poder a una familia, como si tal sustitución hiciese el milagro de quitar el poder económico de manos de quien lo tiene. El ejemplo de las repúblicas conservadoras lo tenemos en Portugal, donde los monárquicos continuaron rigiendo la vida pública, disfrazados de republicanos, hasta que trajeron al país la más estúpida dictadura policíaca de cuantas existen en el cuadro de dictaduras europeas.

Al parecer, para hacer la revolución en España, los republicanos tienen esperanza en el ejército. Preparan una república pretoriana y un resucitamiento del caudillaje, del que tenemos en el siglo XX una historia bien edificante. Si la democracia hubiera de ampararse en el militarismo, lucida estaría la democracia. Para que el ejército sea el ejército del pueblo éste tiene que convertirse primero en único soberano. Hemos llevado un siglo de sublevaciones y, después de la Regencia, el régimen no hizo otra labor que la de anarquizar el Ejército y corromper a los políticos, para que no gobernasen sino como instrumento del régimen. Cuando los políticos dudaban, entonces se creaban las Juntas, que era la indisciplina alimentada desde las alturas. Esa obra hubo de desembocar en la dictadura de generales monárquicos de 1923.

Si los republicanos españoles tuviesen sentido histórico y verdadera conciencia revolucionaria postularían una república presidencialista y dictatorial, para acabar con las raíces del feudalismo monárquico, representado por la plutocracia, el militarismo y el clericalismo. Una república que fuese el punto de partida para una total transformación del régimen social y que congregase de antemano a su alrededor a las masas que quieren justicia.

VIII

Pongamos nuestra esperanza en las nuevas generaciones, en las que salen de la universidad y del taller. Entretanto, veo que la obra que nos incumbe a los que tenemos treinta años y trabajamos en oficios intelectuales es agruparnos en organizaciones que actúen paralelamente al obrerismo revolucionario, para preparar el día de mañana, el de la nueva civilización.

VIII. Proyección social del arte nuevo

I

La concatenación o, mejor expresado, mezcla de idealismo y realidad –que no es ya propiamente la deformación expresionista– típica del arte actual ¿no significará la aspiración del hombre de hoy en lo que atañe a las formas sociales venideras? En un ensayo de Ramón Pérez de Ayala se plantea con claridad el tema del romanticismo y el clasicismo, y en él nos parece percibir los contornos más exactos de las nuevas formas sociales. Para Pérez de Ayala el clasicismo es lo lógico, lo razonable e imperecedero en las relaciones humanas, mientras el romanticismo es lo biológico, lo presente y variable, que adopta manifestaciones diferentes según los momentos del mundo. En el orden artístico, el romanticismo era «la hegemonía del hemisferio sensual y emocional». «Pero el hemisferio sensual y emocional no está ausente del genuino arte clásico, concentrado epítome substantífico de la integridad de la vida (nada humano le es ajeno; de aquí la sinonimia entre clasicismo y humanismo), sino en Él incluido y patente, aunque disciplinado y sometido según razón ordenadora.»[68] El mismo escritor asegura, con evidencia, que el romanticismo ha sido una reacción contra el academi-

---

68 No he podido encontrar esta cita en ningún libro de Pérez de Ayala, aunque sí ideas parecidas en *Política y toros* (1918).

cismo que «ilícitamente se acoge a los fueros de la razón universal y normativa, habiéndola desvitalizado de antemano».

Resulta, pues, que el arte moderno, tras laboriosos y difíciles tanteos, recobra el orden esencial y humano que hace verídico y permanente al arte clásico. Ahora bien: el elemento biológico, que actúa en la función artística caracterizándola según el modo de sentir de cada época, en la nuestra parece inclinarse a una armonía con los principios fundamentales de la lógica. Sin perder su jerarquía, sino al contrario, conservándola. En el orden político, por ejemplo, la democracia aprovecha todos los conceptos de la libertad alcanzados en el transcurso de la historia de las ideas y busca la última y la más razonable de las libertades: la libertad económica. Continúa la inteligencia su obra: la de poner las cosas en orden. Se presiente una era popular. Popular en el sentido de que la democracia, convertida en instrumento único de vida social, representa una categoría de acción y de vitalidad, únicos factores que mandan imperativamente en la historia. De ahí el debate en el mundo político acerca de las instituciones que mejor interpreten el espíritu de esta democracia, puesto que las inventadas por el siglo XIX resultan inadecuadas para los problemas de ahora.

En cambio, el arte quizás empieza a encontrar ya sus normas y explora en las zonas más intrincadas del nuevo sistema social. El «verismo», la reproducción idealizada de la Naturaleza, aspira a encontrar contacto directo con el mundo de la representación. Hubo un tiempo –el impresionismo– en que la mera referencia de una pintura a la ética o a la política representaba una cualidad inferior. Después vino el arte puro, desde el cubismo hasta el expresionismo, a sostener con más rigidez este postulado. Pero esas tendencias coinciden precisamente con las derrotas de ciertos sistemas políticos o se anticipan a esas mismas denotas. En cambio, ahora «todo arte verdaderamente humano es expresión de un sistema de acción colectiva»[69]. Entiéndase bien. La acción colectiva dirigida a los fines clásicos de la verdad y la belleza. No se confunda tampoco esta contribución del arte a las posibilidades de sistemas sociales futuros de una manera anecdótica o alegórica. Ése sería el academicismo aborrecible de los cuadros de historia o de tesis. Ya hemos dicho que la anécdota, como asunto, está eliminada por la pintura actual. Se trata de pintar las cualidades de la naturaleza o de la sociedad en relación con la sensibilidad contemporánea y con las radicales inclinaciones del alma moderna. Por eso no es extraño que artistas como Grosz o Dix, contra lo que opinan algunos críticos, interpreten todavía escenas desoladas o crueles, que constituyen la mejor definición de una época de lucha social que se acerca.

El elemento mítico, poético de esta nueva pintura es el mismo del arte popular, y por lo tanto, el reconocimiento de que las formas primarias del arte establecen su alianza con las modalidades intelectuales de la vida de hoy. En realidad El Greco o Picasso son el arabesco, como la música de Falla o el poema de Juan Ramón Jiménez. Nótese cómo la dinámica del expresionismo está sustituida por el estatismo del post-expresionismo. Lo que equivale a pensar que a una sociedad en constante persecución de sus for-

---

69 Franz Roh.- *Realismo mágico, post expresionismo: Problemas de la pintura europea más reciente*. Madrid: Biblioteca de la Revista de Occidente, 1927, p. 101-102.

mas la ha precedido un arte en fuga, lleno de extravíos y desvelos.

«Estamos hechos de tal manera –dice Simmel– que no sólo necesitamos una determinada proporción de verdad y error como base de nuestra vida, sino también una mezcla de claridad y oscuridad en la percepción de nuestros elementos vitales.»[70] Es natural que el nuevo arte se manifieste como centro y resumen de esa duda tan propia del hombre contemporáneo. El arte romántico era pesimista por exceso de individualismo. Después vino un concepto jocundo del arte donde alternaron la sensualidad del color y la cabriola. El espíritu cósmico seguía, sin embargo, meditando, y en esa meditación reside el principio de su sencillez. Porque parece que ahora es cuando el artista ha aprendido a «ver», operación clásica, pero olvidada durante largos años, de abstracción y de subjetivismo. A los veintiocho años Rilke, el poeta, decía: «Creo que debería empezar a trabajar un poco, ahora que estoy aprendiendo a ver».

II

Uno de los problemas que más debieran preocupar a la actual juventud española es el problema del teatro. El arte escénico, por ser precisamente el más directo, podría influir en el cambio del espíritu público y preparar los nuevos cuadros de lucha social. Nadie lo ha comprendido todavía. Los que escriben sobre teatro apenas dicen más que superfluidades seudoliterarias, reculando únicamente ante

---

70 En *Sociología*, I. Madrid: Revista de Occidente, 1977, p. 376 (primera edición 1926-27).

el «tabú». Benavente o el «tabú» de los jóvenes. Hemos visto que ninguno de los jóvenes autores recientemente encaramados a los escenarios españoles tiene sentido revolucionario. Se dedican a imitar –¡a estas horas!– a Wilde, o a Becque[71]. Algunos se meten por la vía expedita de la farsa como si el humorismo –que está en quiebra– pudiera resolverlo todo.

Uno de los sucesos más viles ocurridos durante la dictadura fueron aquellos entusiasmos de las izquierdas españolas por *Pepa Doncel*, de Benavente. Y otro suceso, no tan vil, pero sí bastante repugnante, desde el punto de vista de la conciencia artística, el de los teatros de arte, cuyos títulos parecían colocados por algún zoólogo zumbón.

Si hubiésemos de juzgar por aquel estrépito, parecería que Benavente es un autor revolucionario. Los curiosos del teatro no lo podíamos haber sospechado nunca. Benavente nos había parecido siempre un comediógrafo amable, bien avenido con las clases distinguidas de la sociedad española. Una reducción de François de Curel[72] para andar por casa. Su teatro, con algunas excepciones, era un teatro de chismografía, de cotilleo, con ciertos brillos irónicos y con un lenguaje muy vago y espumoso, muy propio de 1905, en que este autor trasplantó los procedimientos de la comedia francesa. Sin gran trabajo, identificábamos al autor con su obra sabiéndolo patriota a la manera maurista y miembro ilustre de las falanges germanófilas. Era, pues, un autor homogéneo a la sociedad que aplaudía sus comedias: es decir, un comediógrafo conservador.

---

71 Henri Becque (1837-1899). Dramaturgo francés, impulsor de la estética naturalista con obras como *El hijo pródigo* (1868) o *La parisina* (1885), cuyas obras exploran los asuntos más oscuros de la sociedad.

72 François de Curel (1854-1928), novelista y dramaturgo francés. Académico de la lengua, es considerado como el autor más representativo de las llamadas obras de tesis con las que se planteaban problemas filosóficos y morales de la época. Entre otras *Los fósiles* (1892), *La invitada* (1893) o *La comedia del genio* (1922).

Pero he aquí que se verifica el estreno de *Pepa Doncel* y las gentes empiezan a hablar de liberalismo, de rebeldía, de remozamiento escénico y de una porción de cosas más. Fuimos al teatro envueltos en una atmósfera de ditirambos. La marea de tarjetas empezaba a insinuarse amenazadoramente. ¿Y qué es, en fin de cuentas, *Pepa Doncel*? Una obra ni mejor ni peor que las demás del autor, adscrita a ese teatro inmóvil y acomodaticio por la inercia espiritual del público. ¿Obra anticlerical? ¿Obra liberal? ¡Qué disparate! La protagonista es una criatura sin sustancia dramática, sin trayectoria ideal, cuya única preocupación es la de ganarse a la beatería de Moraleda, no para acabar con ella, sino para disfrutar de su convivencia. Todo su triunfo reside en sustituir una boda por otra. Pero, al fin, y al cabo, la comedia termina en boda, como quiere el público de Benavente. Es decir, obra conservadora para público conservador. «¿Entonces –dicen los buenos liberales– por qué se meten con ella las derechas?» Y yo les contestaría: «Por la única razón de haberla elogiado impremeditadamente las izquierdas». «Pero –se me arguye– el público conservador es clerical y a los conservadores no les gusta que se metan con el clero.» Y entonces habría que definir bien el clericalismo español. En España no existe un sentido religioso profundo, y aun los españoles que practican activamente el culto sienten cierto placer cuando se satiriza al clérigo. Es una modalidad de nuestra picaresca de café. El público aplaude porque *Pepa Doncel* satiriza sin declararse en rebeldía ideológica contra la obra eclesiástica. Si ese personaje fuera un símbolo del pensamiento libre frente al pensamiento tradicional, entonces sería un personaje revolucionario y la clientela de Benavente lo declararía nefando.

Alguien, con espantosa ligereza, habló de *Electra.* Qué absurdo. Galdós sí es un dramaturgo revolucionario, aun en la distancia artística con que le contemplamos. En *Electra,* en *La loca de la casa*, en *La de San Quintín,* está el pensamiento liberal en trágica lucha, en grandioso combate con el fanatismo y la intolerancia. Si el teatro de Galdós hubiera prosperado en vez del de Benavente, otra sería la situación de la escena española. Habría actores capaces de encarnar verdaderos caracteres dramáticos y público ávido de otras inquietudes artísticas.

Adviértase que aludo a Galdós, situado en un tiempo y como expresión de una tendencia. Está por definir, y habrá que intentarlo algún día, el antecedente galdosiano para un teatro español de masas. Por esa línea, no por la de Benavente, habrá que ir a renovar nuestro teatro.

El teatro moderno es un teatro de masas, un teatro para el pueblo, que es el que tiene la sensibilidad virgen para la plástica escénica y para la emoción de gran calibre. El Teatro de Arte de Moscú, los ensayos de Tairov, las obras de Kaysler, el mismo Lenormand con sus «ratés»[73] inquietantes, son ejemplos de este teatro multitudinario y expansivo. El dolor del mundo y la alegría de la nueva época son percibidos tan sólo por gentes desprovistas de una cultura decadente y de gustos marchitos.

Todo teatro de vanguardia necesitará, pues, ponerse en comunicación con esa democracia ávida y estremecida como un amanecer. Hacer teatro de vanguardia para minorías es tan estéril como escribir en el agua. El «Caracol»,

---

73   Referencia a su obra *Los fracasados* de 1920.

sala privada para diletantes y snobs, evoca al señor Cachupin[74] y le faltaba sólo dedicar los fondos a fines benéficos. Sólo puede uno explicarse la existencia de ese grupo dada la crisis que experimenta aquí el arte escénico. El teatro es ahora, y más que nunca, una técnica, una estructura unitaria. Habría que empezar por encontrar un «régisseur», casi un precursor que trabajase sobre actores profesionales y les hiciese comparecer ante un público –que existe independiente y puro, para interpretar obras nacidas con todas las características de la época.

¿Que esto es, por ahora, imposible? Quizá. El teatro, como las diferentes expresiones del alma de un país, no se renueva por arte de birlibirloque, aisladamente, sino que está a merced de cambios más profundos. Pero si ésta es la realidad, no tenemos por qué engañarnos.

Si bien se piensa, quizá sea el arte más propicio a este género de reacciones, puesto que actúa directamente sobre la masa y congrega, en democrática asamblea, a diferentes sectores sociales. Visto así, el teatro es lo que más se parece a un comicio. Desde un punto de vista puramente estético, la obra teatral alejaría toda otra preocupación, y el público quedaría fraccionado sólo por diferencias de sensibilidad y gusto. Pero esto es imposible, porque toda obra humana, aunque sea artística, está sometida a un repertorio de realidades concretas –el temperamento del autor, el ambiente en que se genera y desarrolla, las zonas espirituales que ilumina–, y, por lo tanto, influye unas veces de muy variados modos en el espectador y otras es influi-

---

74   Se refiere a un personaje de la opereta bufa de Jacques Offenbach, con letra de Ramón de Navarrete, *La soirée de Cachupín,* llamado Don Canuto Cachupín, que convoca una reunión para presentar a su hija en sociedad que acaba convirtiéndose en un desastre porque todo falla. Ha quedado como referencia a personajes cursis y pretenciosos. El Caracol (impulsado por Azorín), como antes El Mirlo Blanco (de los Baroja) era teatros privados para élites que tenían un repertorio pretendidamente trascendente.

da y coaccionada por él. El arte puro, sin aleaciones ni mezclas, habrá quizá que buscarlo en la poesía lírica y en la música, voces sutiles de lo que hay de inmaterial y permanente en la naturaleza humana. Y, aun así, es posible que esas dos expresiones del espíritu, hechas sonido o verso, se contagien de la inevitable y difusa emanación de la vida en torno. Si esto sucede en la lírica, ¿qué no pasará en el teatro al hacerse imagen de las costumbres y diseño de las pasiones humanas?

Es por eso el teatro el arte más cercano a las multitudes, el arte de dos filos que se hiere a sí mismo al pactar con el gusto cotidiano o se ennoblece y perdura al constituirse en instrumento de perfección colectiva sin menosprecio de la belleza. En el primer caso se trata de un teatro reaccionario y conservador; en el segundo, de un teatro progresivo y revolucionario. Nadie me negará que el pensamiento de Shakespeare o el de Lope, con respecto a la sociedad de su tiempo, resulta avanzado y genial. Pero tal diferenciación es más bien propia de este siglo, donde el teatro se generaliza y divulga hasta hacerse espectáculo democrático. Que no se escandalicen los que quieren hacer del arte un coto cerrado dentro de la producción intelectual. Escribo teatro conservador o revolucionario adjudicándoles a las palabras todo el sentido de lucha que tienen en sí mismas. Para mí *Hernani* por ejemplo, es un grito de guerra de una época contra otras. Ibsen debe ser considerado asimismo como un dramaturgo individualista en pugna con una moral feudal que sobrevive al medievo. Y Bernard Shaw enuncia una dramática rebelde, que es el primer paso para llegar a un teatro socializante. Todas las fronteras estéticas que se quieran; pero si el autor dramático, como quería Schiller, ha de sentir la inquietud de la perfección humana, no tendrá otro recurso que constituirse en ariete social, en explorador de nuevos territorios ideales para el alma de la muchedumbre. De este modo resulta conservador el dramaturgo que hace un teatro a gusto del público medio, y revolucionario aquel que se arriesga a la impopularidad vislumbrando conflictos de una época nueva y expresándolos con lenguaje también nuevo.

Ante las locuaces explicaciones de un Bragaglia[75], nacidas del confusionismo mental que caracteriza toda la obra del fascismo, puede que los snobs de por aquí se hayan regocijado concienzudamente creyéndose en el secreto del teatro moderno. Pero Bragaglia y nuestros snobs son al teatro experimental lo que es el fascismo al movimiento de las nuevas ideas: epígonos lamentables de una época muerta y vacía que se mantiene en pie por un milagro de estabilidad histórica. No otra cosa puede significar la persistencia de un teatro hediondo, como el que nutre al público español de este momento, y, lo que es peor, la insensatez de ciertas minorías en contacto con la farsa —con la doble farsa: la escénica y la social—, que para renovar la escena hablan de un teatro privado, de tertulia o de familia, conforme al modelo traído de París hace veinte años. Pero ¿es que estos intelectuales, tan pagados de cierto tímido y aparente radicalismo político, no se enteran de lo que pasa en el mundo y siguen desconociendo la caracterización de nuestra época?

---

75   Anton Giulio Bragaglia (1890-1960), artista futurista italiano. Fotógrafo, impulsor del fotodinamismo. Fundó revistas y abrió galerías de arte, En 1922 abrió el Teatro Sperimentale degli Indipendent que dirigió hasta 1936 y tuvo su propia compañía de teatro, Company Bragaglia Shows. En 1932, durante la dictadura fascista, fue nombrado consejero de la «Corporazione dello Spettacolo». Director de escena, elaboró diversas teorías sobre el teatro de máscaras y sobre la puesta en escena.

Hace mucho tiempo que el teatro minoritario, como germen de transformación artística, ha dejado de existir. Hace bastante tiempo que el teatro experimental se ha convertido en teatro de masas. Y es natural. En la sociedad contemporánea la masa está presente por primera vez y acerca a la vida su hombro multitudinario para levantarla a la altura del porvenir. Nadie ignora que el teatro es el arte más directo de cuantos practican los humanos, el que requiere una colaboración estrecha del público con el artista (con el creador, se entiende). Es insensato creer que ni siquiera en el teatro hemos superado el individualismo elemental, donde el drama humano se proyecta por medio de un juego de sentimientos inmutables. Como si cada época de la historia y cada hombre de esa época no tuvieran zonas distintas de sensibilidad, pliegues y recodos diferentes, que hacen variar las reacciones de las almas. Claro que relacionar el teatro de nuestro país con el de los países de cultura media es relacionar la prehistoria con el instante viviente, es tomar el antropopiteco para filiar la humanidad del año 2000.

Hasta ahora parece que pocos comprenden esa cosa tan sencilla de que por ser el teatro el arte más directo es el mejor espejo social. No cuesta ningún trabajo identificar la España que sale cualquier noche de éstas de un teatro de Madrid con la España que manda y que domina en el orden social y político. Nuestros autores están perfectamente a tono con nuestros ministros o con nuestros excelentes subsecretarios.

Cuando algunas personas discretas se asombran de que el teatro sea tan inaccesible para los nuevos experimentos, olvidan que el teatro ha llegado a ser una consecuencia del medio, que está cerrado y a la defensiva, aunque de vez en vez se oiga el chirrido sordo de algo que se deshace.

Leer en esta coyuntura *El teatro político* de Piscator es como trasladarse a otro hemisferio escénico. Porque asimilar el relato del gigantesco esfuerzo emprendido por el «régisseur» alemán precisa en primer lugar fallar el pleito que aún se sustancia en ciertos medios cultos acerca de las relaciones entre el arte y la política. Para mí está fallado, claro está, a favor del arte revolucionario. Ése es el de Piscator. Su «Teatro político» está por entero al servicio de la ideología marxista. Al crear en Berlín el Teatro del Proletariado trató de poner el arte dramático al servicio de un movimiento de clase, proponiéndose, sin embargo, superar al propio Max Reinhardt, que a su vez había logrado transformar el teatro vigente entonces. El libro de Piscator es un documento literario y gráfico acerca de la obra realizada en el transcurso de diez años. Piscator es un formidable organizador y un escenógrafo único; pero sus facultades extraordinarias no podrían desenvolverse si no hubiese encontrado dramaturgos como Toller, Hascheck, Mehring, Lania; dibujantes como Grosz, directores como Richter. La idea de Piscator empieza por identificar el arte con la masa; sigue por la adulteración de los clásicos según lo exija el gusto contemporáneo; continúa por la transformación del escenario y la fusión de teatro y cinematógrafo, y se bifurca en la dramatización de la historia política y de la vida proletaria.

Pero aun refiriéndonos a otro género de teatro, se observa que no serían las minorías de París las que dictasen normas a los productores españoles.

En *El emperador Jones* y *Antes del desayuno*, Ricardo Baeza presenta dos muestras del teatro de Eugenio O'Neill, autor norteamericano. Antes lo había hecho en la *Revista de Occidente*, tras un sagacísimo ensayo, cuyas ideas cardinales vemos ahora desarrolladas más ampliamente. Las conclusiones de Ricardo Baeza son sobremanera sugestivas para esclarecer el problema del teatro moderno. De ellas podemos deducir: primero, el predominio del teatro de masas como auténtico teatro de vanguardia; segundo, la vuelta del teatro a la literatura, como consecuencia de la popularidad del cine, después de haber pasado por la fase del espectáculo y el guiñol; tercero, la filiación exacta de la llamada crisis teatral, que «no tiene otra causa que la bondad relativa de algunas películas comparada con la maldad absoluta de la mayor parte de nuestras compañías y del repertorio vigente»[76].

El hecho de que sean dos colectivismos antípodas, Rusia y Norteamérica, los que en este momento del mundo representan un teatro más rico, diferenciado y original prueba tanto el fervor de la muchedumbre por el arte dramático como la influencia de éste en el tejido íntimo de esas dos sociedades irreconciliables. Mientras un país tenga un teatro torpe y tartufo, decrépito y cerril, beocio y miserable, la escena seguirá siendo una síntesis fidelísima del medio donde aquel teatro se produce. La renovación norteamericana nace de los sindicatos dramáticos y de la obra de municipios y universidades, que difundieron por todo el país compañías y obras proscritas por los grandes

---

[76] Ricardo Baeza. «El teatro de Eugenio O'Neill» en *El emperador Jones. Antes del desayuno*. Madrid: Mundo Latino, sf., pp. 18-19.

«trusts», los cuales monopolizaban anteriormente la producción yanqui.

De uno de esos teatros salió Eugenio O'Neill, autor de treinta y tres obras que recorren triunfalmente los Estados Unidos. Su vida ha sido arriscada y difícil: marinero, empleado, actor, obrero manual. Su obra es una sorprendente fusión de elementos naturalistas y líricos, que a veces pasan a la categoría de símbolos por el camino del análisis. En *El emperador Jones*, por ejemplo, «el hombre sigue siendo el juguete de sus fuerzas incógnitas y la víctima de un destino implacable»[77]. Su obra última y culminante, *Extraño intermedio*, es el conflicto de lo subconsciente, la trágica dualidad del alma humana. Conseguido todo de tal manera que O'Neill ha logrado del público lo que sólo al genio de Wagner pudo permitírsele: es decir, obligarlo a la representación tarde y noche, con solo intervalo para comer.

Yo consigno con toda firmeza al final de estas notas dos nombres que por haber emprendido un camino independiente y sincero sufren la dura oposición de mayorías y minorías teatrales: Jacinto Grau y «Azorín». Estos dos escritores han torpedeado, con los proyectiles de su talento, la fortaleza del bárbaro teatro español contemporáneo. Azorín quiere ir al pueblo por el camino del auto sacramental moderno. Ha dicho: «Es hora ya de que el teatro español vuelva a utilizar uno de sus más eficaces y fecundos recursos: lo maravilloso. En el siglo XVIII se consideró como un triunfo el hacer que de la escena desapareciera ese recurso. Creían entonces que en el teatro debía imperar el positivismo que imperaba en el terreno cientí-

---

[77] *Ibid.*, pp. 47-48.

fico. Se amputó al arte uno de sus más poderosos elementos; todo un mundo espiritual desapareció de la estética dramática. Se perseguía un realismo feroz, intransigente»[78]. Ese realismo sigue gravitando sobre nuestro teatro contemporáneo, agravado aún con el descenso hacia los temas menudos y domésticos, hacia la retórica como suplemento de la verdadera creación poética o dramática. Y he aquí que Azorín se atreve en *Angelita* a recuperar la tradición más ilustre de nuestro teatro y a injertarla en el cuerpo moderno de una obra que por su carácter simbólico y sobrenatural es un verdadero auto sacramental de nuestros días.

A las Asociaciones de Estudiantes y a los Centros Obreros, de acuerdo con los intelectuales de la izquierda, corresponde en España iniciar un fuerte movimiento para llegar a un auténtico teatro del pueblo.

Asturias – Madrid, 1929–1930

---

[78] Respuesta a la entrevista de José Simón Valdivieso en «Los escritores ante la política», *Heraldo de Madrid,* 8 de mayo de 1930, p. 1

Thank you for acquiring

El nuevo Romanticismo

from the
Stockcero collection of Spanish and Latin American significant books of the past and present.

This book is one of a large and ever-expanding list of titles Stockcero regards as classics of Spanish and Latin American literature, history, economics, and cultural studies. A series of important books are being brought back into print with modern readers and students in mind, and thus including updated footnotes, prefaces, and bibliographies.

We invite you to look for more complete information on our website, **www.stockcero.com**, where you can view a list of titles currently available, as well as those in preparation. On this website, you may register to receive desk copies, view additional information about the books, and suggest titles you would like to see brought back into print. We are most eager to receive these suggestions, and if possible, to discuss them with you. Any comments you wish to make about Stockcero books would be most helpful.

The Stockcero website will also provide access to an increasing number of links to critical articles, libraries, databanks, bibliographies and other materials relating to the texts we are publishing.

By registering on our website, you will allow us to inform you of services and connections that will enhance your reading and teaching of an expanding list of important books.

You may additionally help us improve the way we serve your needs by registering your purchase at:

http://www.stockcero.com/bookregister.htm

www.ingramcontent.com/pod-product-compliance
Lightning Source LLC
Chambersburg PA
CBHW020422220526
45464CB00002B/524